AF361447

CARTAS DE UN HUMANISTA
(II)

TOMÁS MORO

CARTAS
DE UN HUMANISTA
(II)

Introducción, traducción
del original latino y notas de
Concepción Cabrillana

EDICIONES RIALP, S. A.
MADRID

Preimpresión: produccioneditorial.com
ISBN (versión impresa): 978-84-321-5191-0
ISBN (versión digital): 978-84-321-5192-7
Depósito legal: M-32643-2019

Impreso en España   *Printed in Spain*
Service Point, S.A., (Madrid)

ÍNDICE

INTRODUCCIÓN

1. Introducción. Unidad y variedad del volumen

El presente volumen constituye el complemento de una publicación que apareció en 2018 —*Cartas de un humanista (I)*— en esta misma editorial. Recogen estas obras la traducción anotada de una serie de cartas latinas escritas por Tomás Moro que comparten al menos dos rasgos entre ellas y con las ya reunidas en la publicación mencionada: (i) no han sido traducidas hasta ahora a la lengua castellana[1]; (ii) ilustran diversas facetas de alguien que encarnó el espíritu humanista con especial relevancia.

---

[1] La única carta que se incluye en este libro y que sí ha sido traducida a nuestra lengua es la que abre el volumen, dirigida a Peter Giles (octubre de 1516); los motivos que han llevado a recogerla aquí provienen fundamentalmente (i) de su especial significación por el lugar en el que figura —inicio-prefacio de la *Utopía,* obra insignia del humanista inglés— y el papel que posee, así como (ii) de su especial concatenación con la carta al mismo destinatario en agosto de 1517 y que sigue a la anterior.

Parte de las cartas que se incluyen aquí corresponden al período habitualmente señalado como el más destacado de Moro como humanista (1515-1520)[2]; otras fueron escritas en fecha posterior. Una primera aproximación al conjunto de cartas traducidas podría traslucir cierta heterogeneidad, quizá insalvable para algunos. Sin embargo, y dentro del distinto tenor y propósito de las cartas, creo que se puede aducir un importante factor que las aglutina.

Hagamos una primera presentación de las misivas recogidas[3]; en su ordenación he seguido un criterio cronológico excepto en el último bloque, donde se agrupan todas las cartas dirigidas a un mismo destinatario[4] —con un orden cronológico interno—, para dar mayor unidad al conjunto; algunas de ellas han sido descubiertas recientemente.

La carta inicial es la que desde la primera copia conocida apareció antes del texto de la obra más universal y controvertida de Tomás Moro, la *Utopía*, a modo de prefacio y dedicatoria a Peter Giles; a esta sigue otra al mismo Giles relacionada también con algunos aspectos de la *Utopía*. Aparecen después tres cartas dirigidas a Edward Lee en las que el principal objetivo es la defensa de la labor erasmiana en la edición del Nuevo Testamento, algo que Lee ha tratado de socavar. La sexta carta es con mucho la más extensa de las se incluyen aquí y tiene como propósito contestar a una carta del protestante John Bugenhagen, en la que Moro desmonta punto por

---

[2] Para una panorámica general sobre el humanismo de Moro en sus cartas, cf. Cabrillana (2018: 9-15).

[3] Más abajo se dedica una sección a cada carta en particular donde se proporciona información más específica sobre cada una de ellas.

[4] Francis Cranevelt.

punto y profusamente los presupuestos que defienden Bugenhagen y Lutero. Se suceden cuatro cartas a diversos intelectuales humanistas —John Cochlaeus (dos), Conrad Goclenius y John Sinapius— con propósitos diversos de índole cultural; cierran el volumen las nueve dirigidas a un amigo de Moro y humanista belga, Francis Cranevelt; estas tienen un tono más familiar.

A varias de estas cartas se les ha prestado poca atención y es muy escasa la bibliografía sobre ellas, lo que hace más difícil su contextualización y correcta interpretación. A ello puede contribuir el hecho de que se ha perdido buena parte de la correspondencia del humanista inglés con diversos destinatarios[5]. En efecto, las 470 cartas moreanas que pueden darse por documentadas quedan muy lejos de la cantidad que escribieron otros humanistas contemporáneos, como Bonifacius Amerbarch (2600), Desiderius Erasmus van Rotterdam (3159), Martin Luther (4200), Philipp Melanchthon (10000) o Heinrich Bullinger (12000-15000)[6]. No obstante, lo que se encuentra de ellas, es, por distintos motivos, muy valioso[7].

---

[5] Las cartas de las que se da noticia e incluso se encuentran parcialmente recogidas en Stapleton (1966 [1588]: (*passim)* hacen ver que la correspondencia de Moro fue mucho más extensa de la que se conserva; este autor (1966 [1588]: 36) da noticia de las obras de Moro que no pudieron ser preservadas de la destrucción o de la desaparición en general. Un caso concreto que cita Stapleton (1966 [1588]: 36-37) es el de una carta escrita por Moro hacia el final de su vida a Erasmo: Moro se dio cuenta de que algunos escritos de Erasmo necesitaban ciertas correcciones y le impelía a seguir el espíritu humilde de san Agustín para retractarse, algo que aconsejó también John Fisher al humanista de Róterdam; Erasmo, sin embargo, rehusó esta invitación y destruyó la carta para que no quedara constancia de ello.

[6] Datos tomados de Schulte Herbrügen (1983: 35)

[7] Como se comentaba en Cabrillana (2018: 9-10), la recopilación más completa hasta nuestros días es la realizada por Rogers (1947), que

En todo caso, es patente que se camina aquí por diversas facetas del autor inglés: literaria, apologeta, cultural en el sentido amplio, familiar, etc. Al mismo tiempo, creo que puede decirse que todas las cartas presentadas revelan cómo Moro buscó la verdad y cultivó la amistad[8], defendiendo a sus amigos de actuaciones perversas de terceros y dirigiéndose a ellos con tacto a la vez que con claridad, o con palabras de afecto y agradecimiento constantes.

Cierta parte de la crítica moderna ha teorizado sobre la consideración de más de un Tomás Moro, que dejaría de ser humanista cuando empieza, por ejemplo, a preocuparse de su contestación a los luteranos; ahora bien, como apunta con razón Curtright (2012: 17) es precisamente una revisión y una correcta interpretación de los principios humanistas[9] lo que da lugar al potencial para la coherencia entre los escritos más puramente humanistas de Moro y sus tratados polémicos más tardíos contra la Reforma protestante.

Entiendo que carece de sentido preguntarse qué fue primero Moro: ¿humanista del Renacimiento, apologeta católico, ciudadano de Londres, abogado, defensor de la libertad individual, político, intelectual? La integridad

---

ha recogido 219 cartas: 140 en latín, 77 en inglés y 2 en francés. De las 140 en latín sólo 82 están escritas directamente por Moro; de las escritas en inglés, 45 son de Moro; nos han llegado, pues, según Sardaro (2007: 94), 128 cartas de Moro, una mínima parte de lo que debió ser su correspondencia ya sea con políticos, con su familia, con amigos o con otros humanistas.

[8] Cf. Jacques (1967: 97).

[9] Téngase en cuenta lo que, de manera germinal, aparece en la acepción (iv) de la voz "humanismo" del DRAE ("doctrina o actitud vital basada en una concepción integradora de los valores humanos").

exclusiva e interior del pensamiento de Moro se manifiesta en sus escritos y en su conducta. Curtright (2012: 12) señala que el compromiso religioso de Moro, su sentido de servicio y su amplia actividad erudita e intelectual proporcionan a la obra de Moro una coherencia básica que puede ser demostrada. Más concretamente, si se piensa por ejemplo en la carta a Bugenhagen, se puede argumentar lo que apunta Curtright (2012: 107): «One important reason More's polemical tracts against the Reformation remain dimissed and unpopular is because his critics often define humanism in ways that undervaluate or misrepresents its religious character». Sin embargo, el modo en que Moro acomete esta labor contra la Reforma fue mostrando que fe y razón van de la mano[10]; por tanto, la noción moreana de comunidad humanista no puede separarse de su idea de cristiandad católica (Curtright, 2012: 136). Así, la herejía luterana no era para Moro simplemente un ataque al orden público o a la Iglesia, sino que equivalía a socavar la síntesis razón-fe, central en la concepción del humanismo cristiano sobre una sociedad y una fe pública renovadas. Moro cree y demuestra que los errores en el razonamiento facilitan ataques imprudentes e injustos contra la fe, de forma que parece más coherente pensar que fe, razonamiento y acción debían ir unidos, y así fue en la figura de Moro; la idea amplia de la *humanitas* clásica está subsumida en la de humanismo cristiano. Curtright

---

[10] En efecto, en esta carta, Moro razona de manera brillante y desmonta los argumentos del destinatario de forma que sirve a la fe; algo similar podría decirse —si bien con propósitos en parte distintos— del razonamiento finísimo y muy hábil del humanista inglés en las cartas a Martin van Dorp o a Germain de Brie.

(2012: 107-139) muestra cómo existe una ligazón y continuidad importantes entre, por ejemplo, una de las cartas que se cuenta entre las más puramente humanistas —la dirigida a la Universidad de Oxford, escrita en 1518[11]— y los escritos antiheréticos más tardíos[12].

Hay, pues, una suerte de continuidad entre la aproximación clásica y cristiana de Moro al humanismo, a la política y a la teología polémica. El análisis de los últimos escritos de Moro llevará a Curtright (2012: 14) a concluir que el *ethos* del Lord Canciller inglés será el que muestre al único Tomás Moro.

Como ya se señalaba en el anterior volumen de cartas, «se verá aquí cómo se hace realidad la observación general de McCutcheon (1998: 25), quien señala que la carta, como el diálogo[13], fue un género favorito de los humanistas, ya fuera como medio de discusión y debate (…) ya adoptara una forma más familiar»[14].

Describo a continuación de modo breve las características más sobresalientes de las cartas incluidas en este libro: sus destinatarios, las circunstancias de composición, la temática más destacada, los propósitos fundamentales, etc. que pueden desprenderse de una lectura atenta de las mismas.

---

[11] O, asimismo, la que Moro escribe a M. van Dorp en 1518.

[12] Se evidencia así una vinculación particular entre el volumen de cartas al que se alude al inicio de esta Introducción y el que se presenta aquí.

[13] Recuérdese cómo está planteada la *Utopía,* sobre todo en su parte inicial.

[14] Cabrillana (2018: 10).

2. Las cartas traducidas

2.1. Cartas a Peter Giles[15]

La carta que abre este compendio está fechada en octubre de 1516; se trata de la publicada en el prefacio de la primera edición de la *Utopía;* esta aparecía bajo el texto *Prefatio in opus de optimo reipublicae statu. Thomas Morus Petro Egidio S.P.D.*[16].

El nombre original del destinatario era Pieter Gillis (ca. 1486-1533), nacido en Amberes, en el seno de una distinguida familia burguesa. Aunque Giles no se dedicaba profesionalmente a la literatura —era magistrado en Amberes—, tenía sin duda intereses literarios; fue de hecho humanista y editor-impresor de diversas obras de humanistas[17]; a él está dedicada la *Utopía*, quizá por haber diseñado el alfabeto de la isla. Es precisamente su amistad con Erasmo y con Moro —a quien conoció en una misión diplomática de este en Amberes en 1515, quizá presentado por Erasmo[18]— el motivo de su mayor fama, aunque mantuvo amistad también con otros humanistas como C. Goclenius —otro de los destinatarios de cartas que aquí se recogen—, J. Busleyden, G. Budé, L. Vives,

---

[15] Como norma general, se ha preferido no castellanizar los nombres propios y optar en cambio por la forma en que son más conocidos (inglesa, latina, castellana, etc.).

[16] *Salutem plurimam dat*: fórmula habitual de saludo, especialmente en el género epistolar. Petrus Aegidius es el nombre latinizado de Peter Giles.

[17] De hecho, fue también corrector de la imprenta de Thierry Martens, donde precisamente se ocupó de la impresión de la *Utopía*.

[18] Sobre la figura de Peter Giles y su relación con Erasmo y Moro, cf. Nauwelerts (1967).

L. d'Étaples, M. van Dorp, etc., y artistas como Durero y Quentyn Metsys, quien de hecho pintó un retrato suyo.

En la *Utopía*, su autor lo introduce como un personaje que, junto con Moro, conversa con Hythlodeo, pasando así de la realidad a la ficción; es Giles quien presenta Hythlodeo a Moro[19]. Dado que constituye un testimonio del propio Moro sobre Peter Giles, creo que merece la pena reproducir aquí el texto de la *Utopía* en el que Moro presenta y describe al personaje destinatario de la carta:

Allí[20], durante mi estancia, recibí frecuentes visitas, aunque ninguna más grata para mí que la de Pedro Egidio, natural de Amberes, persona muy estimada, de honrada posición y acreedor aún a mayores distinciones. No sabría decir qué es lo que más me impresiona de este joven, si su saber o su integridad moral[21]. Es muy virtuoso y docto; llano en el trato; y muestra para con sus amigos un corazón tan rendido, cariñoso y leal, y tan afectuosamente sincero que difícilmente habrá quien se le iguale a la hora de hacer recuento de amistades. Es de una modestia poco común: muy ajeno a la afectación, y de lo más discreto y

---

[19] Para una visión de Giles como personaje de la obra, cf. Sturtz & Hexter (1993: cxliv).

[20] En Amberes.

[21] Merece la pena recordar aquí que Tomás Moro, de acuerdo con lo que que recoge el *Oxford English Dictionary* <http://www.oed.com/view/Entry/97366?redirectedFrom=integrity#eidZ> fue el primero en utilizar por escrito la palabra inglesa "integrity". El término latino utilizado por Moro aquí es *moratior,* comparativo de superioridad de *moratus;* el *Thesaurus Linguae Latinae* remite en este lema a la definición que ofrece Porfirio en su comentario al *ars poetica* de Horacio (v. 319): *in consuetudine dicere solemus bene moratum eum, qui rectos mores ediderit* («solemos decir habitualmente que es íntegro quien tiene buenas costumbres»); en el texto horaciano *morataque recte / fabula* podría entenderse como "obra con personajes logrados" (cf. traducción de J. L. Moralejo en la serie de la *Biblioteca Clásica Gredos*, 1998, Madrid).

16

sencillo en su comportamiento. Tan amena es su conversación, tan delicadamente festiva, que el placer de tratarle y su sabrosa charla contribuyeron en gran modo a hacerme llevadera la inquietante nostalgia que sentía por regresar a mi patria —al hogar, a mi mujer y a mis hijos—, pues había estado ausente de casa más de cuatro meses[22].

El propósito fundamental de esta carta, plagada de la broma y el profundo tono irónico de Moro, es pedir opinión a Giles sobre el libro de la *Utopía*, que le envía después de que comenzara a escribirlo en los Países Bajos y de haberlo corregido en Inglaterra. Le pregunta además jocosamente por algunos datos dudosos que se pueden haber deslizado en la obra y que le ruega que le aclare con la ayuda de Hythlodeo. En efecto, un lugar de interpretación particularmente difícil lo constituye el dilema que Moro plantea ante unas dudas que le surgen sobre ciertos detalles de la descripción de la isla[23]; el análisis detallado de lo que este lugar implica en el contexto de la carta, ha llevado a McCutcheon (2015: 63) a calificar esta misiva como *ars poetica* de la *Utopía*[24].

Resulta también una carta interesante en el sentido de que Moro se deja ver como padre, esposo y hombre trabajador[25], al tiempo que no deja de traslucir un aspecto de erudición importante.

La edición del texto latino que he seguido para traducir esta carta es la de Logan, Adams & Miller (2006),

---

[22] Traducción tomada de A. Vázquez de Prada (2016 [2013]: 58-59).

[23] Cf. nota correspondiente al texto de § 5 de la carta («mejor decir algo falso y no una mentira»).

[24] Con respecto al papel de *ars poetica* de la carta a Germain de Brie, cf. Cabrillana (2018: 22, 24-25).

[25] Cf. especialmente §§ 2-5.

que revisa y moderniza la ortografía y puntuación de la canónica edición de Yale[26] (Surtz & Hexter, 1993).

La segunda carta dirigida a Giles está fechada en agosto de 1517; Rogers (1947: 90) propone una datación que la situaría entre el 31 de julio de 1517 —fecha en que G. Budé escribió a T. Lupset[27]— y el mes de noviembre del mismo año, cuando el libro vio la luz.

En esencia, se trata de una carta que comienza con una reacción del lector después de leer la obra ya terminada[28], publicada por primera vez, como se ha anotado más arriba, en 1516.

Esta carta, que solo aparece en la edición de 1517, fue omitida a partir de la tercera edición de la *Utopía* (marzo de 1518), quizá porque podía descifrar el juego que daban algunos de los nombres utilizados por Moro, al desvelar un tanto su significado; esa desaparición ha podido contribuir también —junto al mal estado de su texto y las dificultades de interpretación— al hecho de que haya acabado siendo una carta menos conocida que la anterior[29]. Erasmo se hace eco en una de sus cartas de que esta misiva fue editada sin el cuidado deseado.

No obstante, y en opinión de Surtz (1958: 319), esta carta tiene una importancia notable porque (i) supone

---

[26] En adelante, me referiré en general a esta colección con su abreviatura habitual: *CW (The Complete Works of St. Thomas More)*, aunque citaré a los correspondientes editores de los textos o autores de las introducciones respectivas.

[27] Thomas Lupset (ca. 1495-1530), humanista con el que Moro tuvo relación, al igual que con Guillaume Budé (1467-1540).

[28] Cf. Surtz & Hexter (1993: cxcii).

[29] Cf. Surtz (1958: 319).

una reacción sobre la *Utopía* al poco tiempo de haber sido publicada esta obra, (ii) revela indirectamente los principios literarios por los que se rigió Moro al escribir su obra insignia y, en definitiva, (iii) constituye una especie de apología del tono y la técnica de la *Utopía*. Así, podría deducirse que Moro ha utilizado en alguna medida la ficción para transmitir ciertas verdades[30], de manera similar a como se usa la miel para que algo untado con ella sea más agradable de comer (cf. carta, § 4); es una forma de unir algo tan clásico como el enseñar y el deleitar. En la medida en que la *Utopía* ha conseguido interesar a lectores críticos que formulan sus objeciones, esa obra —concluye Surtz (1958: 324) con acierto— ha sido un éxito.

La edición del texto latino que he seguido en la traducción de esta carta es la canónica edición de *CW* 4 (Surtz & Hexter, 1993: 248-252).

2.2. *Cartas a Edward Lee*

La propia ubicación de la primera carta a Edward Lee —y la más extensa de las tres recogidas aquí con este mismo destinatario— nos traslada a un escenario un tanto distinto al de las dos anteriores, puesto que la edición de Yale[31] la ha situado en el mismo volumen 15 que las cartas a M. van Dorp, a la Universidad de Oxford[32] y a un monje[33], además de la *Historia de Ricardo III*; este hecho

---

[30] Cf. Surtz (1958: 322).

[31] Realizada concretamente por Kinney (1986).

[32] Para estas dos cartas, cf. Cabrillana (2018).

[33] Traducida por A. Silva (2009).

nos conduce ya a deducir un contenido particularmente dirigido a la defensa del humanismo[34].

Edward Lee (ca. 1482, Kent-1544, York) fue arzobispo de York. Dentro de las etapas de su formación intelectual, y después de estudiar en Oxford y Cambridge, se desplazó a Lovaina durante el verano de 1516 para estudiar griego y hebreo y así tener suficiente competencia también lingüística para atacar con más fundamento la traducción que Erasmo estaba realizando del Nuevo Testamento[35]. Fue en Lovaina donde parece que conoció a Erasmo en 1517; ya antes había tenido trato con Moro.

La carta de Moro forma parte de una cierta complicidad entre varios amigos[36] de Erasmo que escribieron a Lee en la primera mitad de 1519 —esta carta está fechada el 1 de mayo de ese año— con el propósito de que Lee no publicara un volumen con comentarios negativos sobre la labor de Erasmo en la corrección del texto de la Vulgata, algo que sucedió finalmente en febrero de 1520; Erasmo respondió con su *Apologia qua respondet duabus inuectiuis Eduardi Lei*, entre otras obras. Aunque Erasmo puso fin formalmente a las controversias con Lee en julio de 1520, en Calais y en presencia de sus amigos ingleses,

---

[34] Así es, de hecho, como *CW* 15 abre el título del volumen: "In Defense of Humanism".

[35] Para un tratamiento más pormenorizado de las disputas entre Erasmo y Lee, cf. Coogan (1992) y Asso (1993; 2008).

[36] John Fisher, Thomas Lupset, Richard Pace y John Colet. Sobre intelectuales amigos de Moro, puede cf. Stapleton (1966 [1588]: 39-60), que recoge asimismo algunos pasajes de la correspondencia entre ellos. Útil resulta también la obra de Charlier (1977: 93-231) para el conocimiento de amigos comunes de Moro y Erasmo, especialmente en su capítulo 3 ("Érasme voyageur – Les grandes amitiés").

parece que esta reconciliación fue más bien inestable[37], como se puede también deducir de las dos cartas siguientes al mismo destinatario[38]. Así, esta carta es la primera de las tres en las que consta que Moro escribió a Lee con un propósito similar; Moro vuelve a mediar entre intelectuales y amigos, como ya hizo en la disputa entre Erasmo y Martin van Dorp[39].

Manteniendo Moro un tono respetuoso e incluso afectuoso, no se priva en absoluto de manifestar su opinión con toda claridad y en ocasiones con dureza —por más que Lee pueda en algún caso sentirse molesto por ella— para situar los acontecimientos y la conducta de Lee en su justo lugar. Así, y aunque el recurso a la ironía está presente[40], se observa la honestidad de quien no puede dejar de decir lo que considera verdad en bien de su amigo y en honor de la justicia.

La segunda de las cartas dirigidas a Lee, que se encuentra fechada el veintisiete de febrero de 1520, no cuenta con traducción alguna conocida[41].

Según apunta Rogers (1947: 206) el título completo de esta carta sería el de *Epistolae aliquot eruditorum uirorum, ex quibus perspicuum quanta sit Eduardi uirulentia,*

---

[37] Cf. Kinney (1986: xxxvi-xxxvii).

[38] Cf. especialmente la segunda carta a Lee, § 2.

[39] Cf. Asso (2008: 170, 173), Cabrillana (2018: 15-19).

[40] Cf., p.e., §§ 14-15.

[41] En esa misma circunstancia se encuentra la siguiente carta al mismo destinatario, las dos cartas dirigidas a John Cochlaeus (1529), y las escritas a Conrad Goclenius (1529) y a John Sinapius (1531), todas ellas incluidas en este volumen. Agradezco a C. Castillo —Catedrática emérita de Filología latina— las valiosas sugerencias que ha realizado a una versión previa de la traducción de las mismas.

y estaría editada por Frobenius en Basilea. La carta parece haber sido escrita en torno al 15 de febrero de 1520, esto es, aproximadamente un año después de la fecha de la carta previamente presentada. Hay que entenderla en un contexto de continuación del propósito que persigue la anterior. Así, se suceden los consejos y las recomendaciones de Moro a Lee para que abandone su modo de proceder en contra de Erasmo, intentando que se deje a un lado la cuestión de la responsabilidad primera en la diatriba que se ha gestado entre Lee y Erasmo.

El texto latino seguido en la versión castellana de eta carta es el de Rogers (1947: 206-208).

La tercera carta escrita a Lee tiene fecha de veintinueve de febrero de 1520, solo dos días después que la precedente, al parecer con el motivo de un envío previo de Lee.

Los argumentos —quizá más sólidos y graves que en la carta anterior— siguen no obstante la línea iniciada en la correspondencia con Lee; de hecho, su autor señala que no hay necesidad de repetir cosas que ya ha mencionado en correspondencia previa (cf. § 1). Moro apela también a cómo otros teólogos que atacaron a Erasmo se han arrepentido ya de su modo de proceder, animando así a Lee a que siga esta misma senda y advirtiéndole de la superioridad de Erasmo para defenderse de las acusaciones vertidas por Lee en sus anotaciones a la labor de este. Asimismo, se acude al argumento de que el Pontífice había llevado a cabo acciones aprobatorias de la obra de Erasmo.

Tanto en la carta anterior como especialmente en esta, la expresión del deseo de que la amistad entre ambos continúe con el mismo afecto y grado de compromiso es especialmente conmovedora[42].

El texto latino editado por Rogers (1947: 208-212) ha sido el utilizado para realizar la correspondiente traducción.

2.3. Carta a John Bugenhagen

La larga carta a Bugenhagen viene precedida de diversos acontecimientos a los que hay que aludir para enmarcar y entender el tipo de misiva ante el que nos encontramos, una carta normalmente poco comentada en la bibliografía general sobre Tomás Moro, a pesar de ser prácticamente la de mayor longitud después de la escrita a M. van Dorp y de una extensión similar a toda la *Utopía*.

Johannes Bugenhagen, nacido en la Pomerania[43] el veinticuatro de junio de 1475, era un amigo muy cercano de Lutero y persona considerablemente influida por los libros y la doctrina de este. Después de ostentar algunos cargos públicos, Bugenhagen fue ordenado sacerdote en 1509, pero en 1522 renunció a su celibato y contrajo matrimonio; al año siguiente, y por recomendación personal de Lutero, fue designado pastor de la ciudad de Wittenberg, donde ejerció ese cargo a lo largo de treinta y cuatro años. Fue un personaje de señalada reputación entre los protestantes, pero, como señala Manley (1990: xix), llegó a ser más conocido por su amistad con Lutero y su

---

[42] Cf. más concretamente § 6.

[43] De ahí la forma en que Moro se dirige a él en muchas ocasiones: *Pomeranus*.

cargo en Wittenberg que por su originalidad como pensador o teólogo[44].

En los años en que se sitúa la carta, las ideas protestantes estaban teniendo una gran resonancia. Así, y para refutar algunas de las doctrinas que se iban propagando con la irrupción del protestantismo, Enrique VIII encargó a Moro que redactara una refutación, algo que Moro llevó parcialmente a cabo en su *Responsio ad Lutherum*[45].

Otro hito importante en los prolegómenos de la carta de Moro a Bugenhagen es la *Epistola Ioanis Bugenhagii Pomerani ad Anglos* (*sic*) que este redactó en 1525, al tiempo que la traducción inglesa del Nuevo Testamento de Lutero realizada por Tyndale estaba alcanzando una seria difusión. En esa carta, que Moro encontró a la vuelta de uno de sus viajes[46], Bugenhagen repite ideas cruciales de Lutero y alude fundamentalmente a la doctrina de la justificación mediante la sola fe, al tiempo que trata de convencer a los destinatarios de los méritos de la versión del Nuevo Testamento realizada por Lutero. Parece

---

[44] Para una visión del recorrido de Bugenhagen y las circunstancias históricas de esta carta puede consultarse también Rogers (1945) o Crawford (1968, 1970).

[45] Previamente, en 1521, Enrique VIII había publicado su *Septem sacramentorum aduersus M. Lutherum*, a lo que el destinatario respondió con su *Contra Henricum regem Angliae* en 1522. No eran obras propiamente teológicas; por la parte inglesa, Enrique VIII confió esa labor al obispo de Rochester, John Fisher. No obstante, y según Stapleton (1966 [1598]: 27-38), jesuita y biógrafo muy cercano cronológicamente a Moro —nació el mismo mes y año en que Moro fue ejecutado (1535)—, es muy clara la óptima preparación teológica de Moro; es algo que se ve de forma clara en otras cartas, como la dirigida a M. van Dorp.

[46] Aunque no está del todo claro quién pudo hacer llegar la carta a Moro, este personaje ha sido identificado con William Barlow, que llegaría a ser un celoso reformador protestante (cf. Rogers, 1945: 352).

que la carta tuvo una difusión y un éxito considerables[47]: su convincente retórica y su modo de presentar los argumentos podrían hacer creer que los luteranos eran los verdaderos seguidores de Cristo.

La respuesta de Moro a Bugenhagen fue escrita —según apunta Manley (1990: xxx)— en el periodo de los tres meses que van de diciembre de 1525 a febrero de 1526, cuando Moro servía en la corte como secretario privado del rey, aunque su publicación formal no tendría lugar hasta 1568[48]. Lo que de convincente podía tener la carta de Bugenhagen a los ingleses[49], Moro lo vio con perspicacia reveladora: su apelación a la espiritualidad y a la piedad como una suerte de hipocresía y autosatisfacción respectivamente y sus referencias a los textos de san Pablo como un tipo de burla heroica[50].

Al haber elegido Moro responder a los planteamientos de Bugenhagen punto por punto, su carta carece de estructura propia, si bien en algunas ocasiones Moro varía el orden impuesto por Bugenhagen para hacer

---

[47] El retraso de una carta de Lutero en cierto tono de disculpa no llegó a Enrique VIII hasta 1526; esta carta quizá habría podido disminuir o encuadrar mejor el contenido de la misiva de Bugenhagen a los ingleses, tomada —por Moro, entre otros— como una consecuencia de la especie de locura y espíritu de superioridad que se había instalado entre los protestantes.

[48] La publicación en imprenta se realizó en Lovaina, por parte del editor inglés John Fowler —entonces en el exilio por sus creencias católicas—, y aparece con fecha de siete de abril de 1568. Hasta entonces, solo debió circular copia manuscrita de la carta; Fowler pudo tener acceso al manuscrito a través de la familia de Moro y más concretamente de su esposa, Alice Harris.

[49] Quizá un difuso rumor de que el rey tenía cierto interés en conocer el luteranismo podría estar en parte de la motivación de esta carta.

[50] Cf. Manley (1990: xlii).

especial hincapié en algún razonamiento, y todo ello no obsta para que pueda verse una línea argumentativa de fondo: el hábil abogado, el fino intelectual y el celoso apologeta católico se unen en una simbiosis perfecta. Por supuesto, la forma escogida por Moro para responder a su interlocutor tampoco es inconveniente que le impida desplegar de cuando en cuando su habitual ironía y sentido del humor[51], en ocasiones reduciendo al absurdo las posiciones de Bugenhagen y del protestantismo en general. Asimismo, la importancia de lo que se trata exige de Moro pasajes en los que su fuerte seriedad contrargumentativa es muy clara y hasta algo violenta[52]: la herejía —como la verdad— no admiten posiciones ambiguas ni tibias. En este sentido, Moro ataca también la incoherencia entre palabras y obras de quienes profesan las posturas luteranas[53], así como la falta de correlación y congruencia en bastantes de los argumentos de Bugenhagen[54].

Al tratarse de una obra de intención más bien apologética, se diría que el tono y el estilo de esta carta no son de corte tan literario como el que el autor inglés exhibe en las escritas a Martin van Dorp o, por supuesto, a Germain de Brie[55]; asimismo, su nivel de elaboración no entraña tanta dificultad como la que también está presente en las cartas a Edward Lee recogidas en este volumen.

Si bien Moro no consiguió que Bugenhagen volviera al seno de la Iglesia Católica, la carta sirvió, entre otros

---

[51] En palabras de Rogers (1945: 351), el estilo de Moro es «easy and popular, and full of brilliant, sharp, sarcastic, humorous thrusts».

[52] Cf. Rogers (1945: 351).

[53] Cf. p.e., §§ 15, 18.

[54] Cf. p.e., §§ 29-30, 46-49, etc.

[55] Cf. Cabrillana (2018: 25-26).

logros, para que su autor ganase el respeto de la jerarquía eclesiástica inglesa; así, por ejemplo, en marzo de 1528 el obispo de Londres, Cuthbert Tunstall, le facultó para leer algunos libros heréticos con el propósito de que los refutara. Un primer fruto de esta labor —que se plasmó en más obras— fue el *Dialogue with Tyndale*, en el que Moro insiste y profundiza sobre varios de los argumentos presentes en la carta a Bugenhagen.

Sigo para la traducción de esta carta la edición que aparece en el volumen 7 de la serie de Yale, cuyo responsable directo es Frank Manley (1990).

2.4. *Cartas a John Cochlaeus*

John Cochlaeus (Johannes Dobeneck, 1479-1552) nació en Wendelstein y estudió en Nüremberg, Colonia y Ferrara, y fue ordenado sacerdote en Roma. De vuelta a Alemania, fue un decidido oponente a la reforma de Lutero; murió en Breslau. Según Stapleton (1966 [1588]: 52), intercambió frecuentes cartas con Moro desde su país y, como señala Manley (1990: xxiii), fue probablemente quien dio la voz de alarma ante la entrada de la versión luterana del Nuevo Testamento en Inglaterra, seguramente —como se ha dicho más arriba— en traducción de William Tyndale, en torno a 1525. Rogers (1947: 394), opina que la correspondencia de Cochlaeus con Moro parece una compensación por su desencanto con algunas autoridades eclesiásticas.

En 1529 Cochlaeus escribió una carta a Moro[56] en la que le da noticia de que ha encontrado una copia del

---

[56] Cf. Rogers (1947: 396-400; carta nº 164).

Chronicon[57] que escribió Flavius Magnus Casiodorus Senator (ca. 485-580), personaje que sirvió con varios cargos —entre otros, cuestor, cónsul y probablemente gobernador de provincia— bajo el mandato imperial de Teodorico (ca. 454-526)[58]. El *Chronicon* estaba dedicado al cónsul del año, Eutarico, y es sustancialmente un listado de cónsules precedido de una relación de reyes de Asiria, Lacio y Roma, y acompañado de algunas notas no del todo exactas; el autor utiliza como fuentes —entre otras y sin excesivo cuidado— textos de Livio, Aufidio Baso, san Jerónimo, Próspero y la Crónica de Rávena.

Casiodoro se retiró de la vida pública después de haber servido también como prefecto pretoriano bajo el mandato de Alarico hasta el año 540 y tras de la reconquista de Italia durante el poder de Justiniano. Fundó entonces un monasterio en Vivarium, en donde se realizaron y conservaron copias de manuscritos; parece que el propio Casiodoro enmendó algunos de ellos y supervisó su traducción del griego al latín. Escribió, entre otras obras, un Comentario a los Salmos y unas notas sobre las cartas de San Pablo, los Hechos de los Apóstoles y el libro del Apocalipsis.

Las cartas de Moro a Cochlaeus traducidas aquí han de tener en cuenta este contexto, si bien la segunda de ellas la dedica más bien a dar las gracias por la información que le ha hecho llegar en torno a algún encuentro relevante con el Santo Padre.

---

[57] Impreso junto con otras crónicas en el *Chronicon diuinum plane opus*, Basilea, H. Petrus, 1529.

[58] Teodorico gobernó Italia desde el año 493, fecha de su victoria sobre Odoacro.

El texto latino seguido en estas dos cartas es el que establece Rogers (1947: 400-402).

2.5. Carta a Conrad Goclenius

Conrad Goclenius (ca. 1489/90-1539) —en alemán Konrad Wackers o Conrad Gockelen— fue un honorable profesor de latín en el *Collegium Trilingue* de Lovaina desde 1519; el propio Erasmo alabaría enormemente su obra literaria —como su traducción del *Hermotimus siue De sectis philosophorum* de Luciano de Samosata dedicada a Moro[59]— y su labor de enseñanza. Educado en Deventer, Colonia y Lovaina, recibió una canonjía en Amberes en 1533 y ejerció cierta influencia en la Universidad de Lovaina, en cuyo Consejo fue admitido en 1524.

Algunos lo consideran fuente de información de Moro —entre otras cuestiones— en lo que se refiere a los movimientos de los reformadores de la Iglesia en Alemania, y en particular de Lutero[60]. Fue además, probablemente, uno de los mayores confidentes de Erasmo, quien lo presentó a Moro.

La carta fechada el 12 de noviembre de 1529 recogida en este volumen debe ser contestación a otra de Goclenius, perdida, en la que le recomendaba a Cristopher Carlowitz (1507-1578), un alemán de Hermsdorf, cerca de Dresde.

---

[59] Preparó también, junto con Erasmo, una edición de varias obras filosóficas de Cicerón; asimismo, realizó una edición de la *Farsalia* de Lucano.

[60] Cf. Rogers (1945: 352).

En la traducción de esta carta me he servido del texto latino establecido por Rogers (1947: 427-428).

2.6. *Carta a John Sinapius*

John Sinapius (†1561) fue un humanista alemán nacido en Schweinfurt. Estudió en Tubinga e Italia, donde ejerció como profesor de medicina en la localidad de Ferrara y donde contrajo matrimonio. En 1531 se convirtió en profesor de griego de la Universidad de Heidelberg y más tarde fue médico de Melchior Zobel, obispo de Würzburg; fue asimismo profesor de la universidad de esta ciudad en 1550. Entre sus obras se cuentan la *Vrbis suinfurtensis Historia* —en la *Münsteri Cosmographia*— y la *Oratio aduersus eorum ignauiam, qui litteras humaniores negligunt.*

La breve carta de Moro, escrita en respuesta a una composición poética que le habría enviado Sinapius previamente, está escrita con una delicadeza especial; no se trata de una carta en la que haya que tratar cuestiones espinosas, sino que sus principales móviles residen en un sincero agradecimiento por el envío de la composición mencionada y en su descripción elogiosa.

El texto latino seguido para la traducción de esta carta es el que establece Rogers (1947: 432-433).

2.7. *Cartas a Francis Cranevelt*[61]

Frans van Cranevelt (1485-1564) nació en Nimega y estudió en Colonia y Lovaina, donde se doctoró en derecho

---

[61] Cf. nota al inicio de § 2.1.

civil y canónico. Tuvo varios cargos públicos en diversas ciudades belgas como Brujas y Malinas. Alrededor de 1517, Cranevelt conoció a Erasmo a través de Martin van Dorp; a su vez, Erasmo se lo presentó a Tomás Moro en 1520, en Brujas, mientras Moro se encontraba en una de sus misiones diplomáticas. Este encuentro sería algo que Cranevelt agradecería siempre y de lo que se hace eco en varias cartas a otros amigos humanistas como Erasmo, Vives, etc. La correspondencia que se ha conservado entre Moro y Cranevelt y la que se adivina perdida muestra la entrañable amistad que se forjó entre ellos.

Buen conocedor del latín y el griego, Cranevelt publicó traducciones de algunas homilías de San Basilio el Grande y del *De aedificiis* de Procopio de Cesarea; asimismo, editó la obra de Vives *De ueritate fidei christianae*. Mantuvo correspondencia con diferentes humanistas[62], en la que se aprecia el valor de la amistad entre ellos. En este sentido, Granderie (1968: 35) se hace eco de que Cranevelt entiende que lo mejor que le ha pasado en un momento determinado es volver a encontrarse con Moro.

Además de las cartas de Moro a Cranevelt que editó Rogers (1947)[63], se incluyen las que han editado recientemente Miller (1994) y Schulte Herbrüggen (1997); entre ellas se cuenta una serie de al menos siete cartas hológrafas que salieron a la luz con motivo de una subasta que tuvo lugar en la sala Christie's de Londres el 21 de junio de 1989. Afortunadamente, la Fundación Roi Baudouin/ Konig Boudewijn las adquirió y las depositó en la

---

[62] E.gr., Erasmo, Jan van Fevijn, J. Luis Vives, Gerard Geldenhouwer.

[63] De ellas, solo se recoge aquí una no traducida al castellano: la fechada por Rogers el 22 de febrero de 1526 en Londres.

biblioteca de la Universidad Católica de Lovaina, donde han podido ser consultadas por diversos especialistas[64].

Se trata fundamentalmente de cartas breves de amistad, un valor de especial importancia en el mundo del humanismo[65]; en ellas se habla en varias ocasiones de asuntos más cotidianos y menos relevantes aparentemente que los que protagonizaron los grandes momentos de la vida del humanista inglés. Debido a la miscelánea de asuntos tratados, se hacen algunas alusiones más concretas al hilo de la presentación y texto de cada carta.

De acuerdo con Schulte Herbrüggen (1990: 58), el estilo de estas cartas es familiar, natural, informal, con algunos juegos de palabras, como el que se manifiesta en las variadas fórmulas para nombrar a la esposa de Cranevelt en sus saludos y despedidas.

En consonancia con el tipo de carta, su prosa está menos elaborada que en otras ocasiones, algo que también se entiende por las circunstancias en las que tuvieron que ser escritas bastantes de estas cartas: el propio Moro anota que ha tenido que hacerlo con prisa.

Como se adelantó al inicio de la Introducción, todas las cartas dirigidas a Francis Cranevelt se ordenan cronológicamente y se sitúan al final de las recogidas en este volumen, aunque por la fecha en que fueron escritas, algunas debieran situarse antes de la dirigida a Bugenhagen y otras después; se procede así con el propósito de dotar de cierta unidad a la correspondencia con el mismo destinatario[66].

---

[64] Cf, e.gr., Schulte Herbrüggen (1997: 33-34).

[65] Cf. Schulte Herbrüggen (1990; 1997).

[66] Para una relación completa de las cartas conservadas de Moro a Cranevelt, cf. Schulte Herbrüggen (1997: 109-110).

32

Los textos latinos de los que me he servido en esta ocasión han sido el establecido por Rogers (1947: 309-310) para la fechada el diez de agosto —probablemente de 1529— y los de Miller (1994) y Schulte Herbrüggen (1997) para el resto[67].

3. Algunos aspectos formales

El latín que utiliza Moro en bastantes de las cartas agrupadas aquí no está exento de dificultades, algo que se hace más patente en las más elaboradas[68] —como las dirigidas a Peter Giles o Edward Lee—, a la vez que muestran patentes rasgos de clasicismo[69]. En las cartas mencionadas se observa de modo particular le elección de un léxico poco común en algunas ocasiones, si bien en menor grado del que se encuentra en otras cartas también especialmente elaboradas, dado su tono filosófico y artístico[70]. La carta a Bugenhagen, sin embargo, parece escrita con más llaneza, probablemente por su intención apologética, de modo que pudiera entenderse con la mayor claridad posible la defensa que se realiza de la fe cristiana y lo que se señala como erróneo en el protestantismo. Por otro lado, y como ya se ha apuntado, el tono familiar en las cartas a Cranevelt tiene asimismo su reflejo en una sintaxis algo más simplificada.

---

[67] En la presentación de cada carta se concreta el editor/a cuyo texto se sigue.

[68] Cf. lo recogido al respecto en Cabrillana (2018: 25-26).

[69] En Cabrillana (2019) se realiza un estudio específico en el que se analiza esta forma de proceder.

[70] Un ejemplo de ello son las cartas a M. van Dorp y a G. de Brie.

Es abundante la presencia de períodos muy extensos, con diversos niveles y tipos de subordinación (completiva, consecutiva, concesiva, causal, temporal-causal, etc.), y con uso de conjunciones polivalentes, algo que dificulta en ocasiones la determinación del valor subordinante exacto. En el plano nominal, el gusto por ablativos sin preposición —justificado muy probablemente por la elegancia que aportan— supone un obstáculo para clarificar su noción semántica concreta.

En cuanto al plano discursivo, Moro lleva a cabo un uso muy bien estudiado de los conectores[71] (*ergo, nam, sed, enim*, etc.), algo vital para la estructuración del discurso en el género epistolar, facilitando así la identificación de distintos bloques temáticos, pasos argumentativos, etc.

En parte en el aspecto discursivo-informativo y a la vez en el plano sintáctico-pragmático, el autor se cuida también de utilizar de forma muy atinada las oraciones pseudo-finales con función de disjuntos[72], que bien pueden establecer el grado de veracidad de lo que se dice[73] o justificar el acto de habla[74]. Asimismo, se recurre con frecuencia a las estructuras Tema para enmarcar el asunto del que se va a tratar a continuación[75], del tipo *quod ad religiones attinet…: non opinor…*[76], *quisquis…, apud eum…*[77], etc.

---

[71] Cf. Kroon (1995).

[72] Cf., p.e., Torrego & de la Villa (2009: 60-62, 73-75).

[73] Cf. p.e., primera carta a Giles, § 8 (*ut uere dicam*), primera carta a Lee, § 13 (*ut tibi uerum fatear*) o § 16 (*ut uere mi Lee dicam*).

[74] Cf. entre otras, primera carta a Lee, § 18 (*ut posteriores tandem litteras attingam*).

[75] Cf. Cabrillana (1999).

[76] Carta a Bugenhagen, § 36.

[77] Carta a Bugenhagen, § 31.

34

El dominio de la lengua latina y sus recursos parece, pues, plenamente logrado en las obras de Moro.

4. Tipo de traducción

Excepto en el caso de las cartas cuya traducción que se presenta aquí por primera vez, hay algunas ocasiones en las que me he servido parcialmente de versiones ya existentes en otras lenguas[78]. Sin embargo, y como en el caso del volumen de cartas ya publicado[79], la clase de traducción que he preferido hacer es de tipo más bien filológico y no excesivamente libre siempre que ha sido posible; además de ello, trata de recoger la mayoría de los rasgos formales que están en el original, intentando no obviar dificultades de construcción netamente latinas que, sin embargo, no han de oscurecer desproporcionadamente la comprensión de la versión en la lengua de destino. Este modo de proceder, nada sencillo en muchos pasajes, trata de combinar el respeto por la particularidad estilística del autor y la transmisión del mensaje del texto.

Para facilitar esta difícil simbiosis he debido servirme en ocasiones de diversos procedimientos como el de seccionar oraciones especialmente extensas, si bien en casos aislados la práctica ha sido la contraria, esto es, la de unir oraciones separadas en el original con el propósito de dar una mayor fluidez a la secuencia argumentativa y a la concatenación de argumentos o hechos relacionados

---

[78] Así, las de Kinney (1986), Manley (1990), Surtz (1993), Miller (1994), Galibois (1994) o Schulte Herbrügen (1997).

[79] Cabrillana (2018).

por diversas circunstancias (causa, consecuencia, tiempo, etc.). Otros recursos han llevado a realizar ajustes en la modalidad de algunas oraciones (declarativa, interrogativa, impresiva, exclamativa), de modo que la he variado con respecto a la que aparecía en la edición latina cuando ello parecía más acertado o claro.

Con el mismo objetivo de contribuir a la claridad y la fluidez en la lectura, he sustituido en algunos casos el Sujeto nominal por el pronombre que aparece en el texto latino o bien he introducido el mencionado nombre personal cuando el latín apunta solo la persona verbal; también he repetido en ocasiones el referente nominal de un Sujeto, Objeto u otro constituyente de la oración para facilitar su comprensión.

En esta misma línea, he procurado reducir en lo posible el abundante empleo de la pasiva, que en latín no resulta tan recargado o fatigoso como en castellano, ya que en muchos casos la lengua latina ha utilizado dicha voz pasiva para propiciar la cohesión textual; ahora bien, al tener cada lengua morfologías distintas y más variadas en latín que en castellano, en ocasiones he optado por la correspondiente formulación activa o por la pasiva refleja. Por otro lado, Moro se sirve con frecuencia de expresiones y oraciones parentéticas: las he mantenido en la medida de lo posible, aunque cuando me parecía que el nivel y tipo de giro lo aconsejaba, he sustituido los paréntesis por guiones o una expresión entre comas.

Por último, debo señalar que he realizado mi propia numeración por párrafos (§ x) según los que articulara habitualmente la edición seguida en cada caso para poder facilitar las referencias internas de la carta correspondiente.

Las abreviaturas utilizadas para referirme a obras y autores latinos de época clásica son las que establece el *Thesaurus Linguae Latinae* (*ThLL*)[80].

5. Bibliografía citada[81]

Allen: Stafford, Percy S. & Allen, Hellen M. (1906-1958), *Opus epistolarum Deriderii Erasmi Roterdami*, denuo recognitum et auctum, 12 vols, Oxford, Clarendon Press.

Asso, Cecilia (1993), *La Teologia e la grammatica. La controversia tra Erasmo ed Edward Lee*, Florence, Olschki.

Asso, Cecilia (2008), "Martin Dorp and Edward Lee", en E. Rummel (ed.), *Biblical Humanism and the Scholasticism in the Age of Erasmus*, Leiden/Boston, Brill: 167-195.

Baron, Hans (1951), "Aulus Gellius in the Renaissance and a Manuscript from the School of Guarino", *Studies in Philologus* 48: 107-125.

Bietenholz, Peter (1966), *History and Biography in the Works of Erasmus of Rotterdam*, Geneva, Librarie Droz.

Cabrillana, Concepción (1999), "On the integration of Theme constituents in the predication in Latin", *Euphrosyne* 27: 417-427.

---

[80] Leipzig (1904-)/Berlin, Teubner/De Gruyter.

[81] Presento en una sola relación textos, traducciones y estudios especializados, ya que, en casi todos los casos, las introducciones a los textos o traducciones incluyen estudios más o menos extensos sobre (parte de) las cartas traducidas. La relación recoge solo las obras citadas en la introducción y en las notas a la traducción.

CABRILLANA, CONCEPCIÓN (2018), *Tomás Moro. Cartas de un humanista (I). Introducción, traducción y notas*, Madrid, Rialp.

CABRILLANA, C. (2019), "More's usage of Latin verbal predicates: the particular case of *fio*", *Moreana* 56(1): 97-120.

CASTELLI, ALBERTO (2008), trans. *Tommaso Moro: Lettere*. Introd. John Harriott, S.J. Ed. Francisco Rognani, Milano, Vita e Pensiero.

CHARLIER, YVONNE (1977), *Érasme et l'amitié d'après sa correspondance*, Paris, Les Belles Lettres.

COOGAN, ROBERT (1992), *Erasmus, Lee and the Correction of the Vulgate: The Shaking of the Foundations*, Travaux d'Humanisme et Renaissance 261, Geneva, Librarie Droz.

CRAWFORD, CARLES W. (1968), "Thomas Stapleton and More's *Letter to Bugenhagen*", *Moreana* 5(3-4): 101-107; (1970) *Moreana* 7(2): 5-13.

CURTRIGHT, TRAVIS (2012), *The One Thomas More*, Washington D.C., Catholic University Press of America.

GALIBOIS, ROLAND (1994), "Lettres de Thomas More à Frans van Cranevelt", *Moreana* 31(1): 67-84.

GURY, JACQUES (1983), "Lettre de More à Pierre Gilles: a propos du *My Dear Peter* d'Elisabeth McCutcheon", *Moreana* 20(1): 49-52.

GRANDERIE, MARIE-MADELEINE DE LA (1968), "Correspondance de Budé et de More", *Moreana* 5(3-4): 39-69.

HOVEN, RENÉ (1994), *Lexique de la prose latine de la Renaissance*, Leiden/New York/Köln, Brill.

JACQUES, JULES (1967), "Les grands amis: Érasme et Pierre Gilles", *Moreana* 4(3-4): 97-102.

KINNEY, DANIEL (ed.) (1986), *The Complete Works of St. Thomas More*, vol. 15: *In Defense of Humanism: Letters* to Dorp, Oxford, Lee, and a Monk. *Historia Richardi Tertii*, New Haven/London, Yale University Press.

KROON, CAROLINE (1995), *Discourse particles in Latin: a study of* nam, enim, autem, vero *and* at, Amsterdam, Gieben.

LOGAN, GEORGE M., ADAMS, ROBERT M. & MILLER, CLARENCE H. (2006), *More: Utopia. Latin Text and English Translation*, Cambridge, CUP (1.ª ed. 1995).

MANLEY, FRANK, MARC'HADOUR, GERMAIN, MARIUS, RICHARD & MILLER, CLARENCE H. (eds.) (1990), *The Complete Works of St. Thomas More*, vol. 7: *Letter to Bugenhagen, Supplication of souls, Letter against Frith*, New Haven/London, Yale University Press[82].

MILLER, CLARENCE H. (1994), "Thomas More's Letters to Frans van Cranevelt, Including Seven Recently Discovered Autographs: Latin Text, English Translation, and Facsimiles of the Originals", *Moreana* 31(1): 3-66.

McCUTCHEON, ELISABETH (1983), *MY DEAR PETER: The* Ars Poetica *and Hermeneutics for More's* Utopia", Angers, Moreanum.

McCUTCHEON, ELISABETH (1998), "The Humanism of Thomas More: Continuities and Transformations in His Latin Letters", en Rhoda Schnur et *al.* (eds.), *Acta Conventus Neo-Latini Bariensis*, Medieval & Renaissance Texts & Studies 184. Tempe, AZ: Medieval & Renaissance Texts & Studies: 25-40.

McCUTCHEON, ELIZABETH (2015), "*Mendacium Dicere* and *Mentiri* - A Utopian Crux", *Moreana* 52(3-4): 37-50.

---

[82] Es F. Manley quien se ha ocupado fundamentalmente en este volumen de la edición, traducción y comentario de la Carta a Bugenhagen; así pues, en los lugares correspondientes se hará referencia a este trabajo como Manley (1990).

Nauwelaerts, Marcel A. (1967), "Un ami anversois de More et d'Érasme: Petrus Aegidius", *Moreana* 4(3-4): 83-96.

Nagel, Alan F. (1973), "Lies and the Limitable Inane: Contradiction in More's *Utopia*", *Renaissance Quarterly* 26(2): 173-180.

Otto, August (1962 [1890]), *Die Sprichwörter und spreichwörtlichen redensarten der Römer: Gesammelt und Erklärt*, Hildesheim, Georg Olms.

Rogers, Elisabeth F. (1945), "Sir Thomas More's *Letter to Bugenhagen*", *The Modern Churchman* 35: 350-360.

Rogers, Elisabeth F. (1947), *The Correspondence of Sir Thomas More*, Princeton, Princeton University Press.

Romero, Ana Cláudia (2018), "A carta-prefácio da *Utopia* de Thomas More: breve apresentação, tradução e notas", *Morus* 13: 169-187.

Sardaro, Anna (2007), *La correspondencia de Tomás Moro. Análisis y comentario histórico-crítico*, Pamplona, EUNSA.

Schulte Herbrüggen, Hubertus (1983), "Three additions to More's correspondence", *Moreana* 20(3-4): 35-41.

Schulte Herbrüggen, Hubertus (1990), "Seven New Letters from Thomas More", *Moreana* 27(3): 49-66.

Schulte Herbrüggen, Hubertus (1997), *Morus ad Craneveldium Litterae Balduinianae Novae. More to Cranevelt New Baudouin Letters.* Supplementa Humanistica Lovaniensia XI, Leuven University Press.

Shoeck, Richard J. (1960a), "More's Attic Nights: Sir Thomas More's Use of Aulus Gellius' *Noctes Atticae*", *Renaissance News* 13: 127-129.

Shoeck, Richard J. (1960b), "Aulus Gellius: a Post-Praefatio", *Renaissance News* 13: 232-233.

Silva, Álvaro (2009), *Tomás Moro. Carta a un monje*, Salamanca, Universidad de Salamanca.

Smith, Stephen, (ed.) (2012), *For All Seasons: Selected Letters of Thomas More*, New York, Scepter Publishers.

Stapleton Thomas (1966 [1588]), *The Life and Illustrious Martyrdom of Sir Thomas More*, New York, Fordham University Press (trad. Philip E. Hallet; ed. E. E. Reynolds; repr. 1984).

Surtz, Edward (1958), "More's *Apologia pro Utopia sua*", *Modern Language Quarterly* 19(4): 319-324.

Surtz, Edward & Hexter, Jack. H. (eds.) (1993), *The Complete Works of St. Thomas More*, vol. 4, *Utopia*, New Haven/London, Yale University Press (1.ª ed. 1965).

Torrego, M. Esperanza & de la Villa, Jesús (2009), "La oración: Concepto. Estructura, constituyentes y niveles. Tipos", en J. M. Baños (coord.) *Sintaxis del latín clásico*, Madrid, Liceus: 55-82.

Vázquez de Prada, Andrés (2013), *Utopía*, Madrid, Rialp (2.ª ed., 2016).

Wilson, Nigel G. (1992), "The name of Hythlodaeus", *Moreana* 29(2): 33-34.

A PETER GILES
(OCTUBRE DE 1516, LONDRES)

TOMÁS MORO SALUDA A PETER GILES[1]

1. ME DA UN POCO DE VERGÜENZA, queridísimo Peter Giles, enviarte después de casi un año este librito sobre la República de Utopía; seguro que lo esperabas antes de mes y medio[2] puesto que, como bien sabías, no tenía que esforzarme en encontrar materia ni tampoco tenía nada que pensar sobre su disposición: me bastaba relatar[3] lo que, en tu compañía, oí contar a Rafael[4]. Así que no había

---

[1] Como se indicaba en la introducción general, excepto cuando se indique lo contrario, se opta por no castellanizar los nombres propios que aparecen en el texto de las cartas que aquí se traducen, sobre todo si con ello se ofrece una denominación de los personajes menos familiar. En el caso del destinatario de esta carta (Pieter Gillis), la forma inglesa es realmente la más conocida.

[2] Sobre los problemas que plantea esta cronología, cf. Surtz & Hexter (1993: *ad loc.*), Logan *et al.* (2006: xx-xxii).

[3] Se hace referencia a tres partes y momentos fundamentales de la práctica de la retórica clásica, recogida por muchos escritores posteriores: la *inuentio*, la *dispositio* y la *elocutio*.

[4] *sc.* Rafael Hythlodeo; el nombre propio —aquí castellanizado— puede estar queriendo aludir a la figura angélica, a la que se atribuye un papel de guía y sanador; cf. Logan *et al.* (2006: 31). Sobre el apellido, cf.

que esforzarse en la forma de decirlo ya que su conversación, siendo improvisada y espontánea[5], no podía resultar más exquisita, y también porque, como sabes, él no era tan docto en latín como en griego[6]; así pues, cuanto más se aproxime mi discurso a su sencilla naturalidad, más cerca estará de la verdad, que es a lo único a lo que debo atenerme y a lo que me aplico.

2. Te confieso, querido Peter, que, al tener mucha parte del trabajo ya facilitada, apenas me quedaba nada por hacer. De otra forma, la tarea de pensar y organizar este tema podría haber requerido bastante tiempo y estudio, incluso para un talento no pequeño ni poco preparado. Y si hubiese sido necesario que el tema se escribiera no solo con elegancia sino también con veracidad, eso realmente me habría superado, por más tiempo y esfuerzo que le hubiera consagrado. Ahora, sin embargo, puesto que estoy liberado de esas preocupaciones que tanto esfuerzo provocan, solo resta escribir

---

Wilson (1992: 33); se trata de un nombre parlante que podría tener su origen en el gr. ὖθλος ("charla insustancial") y δαίνυμι ("distribuir") o δάϊος, en su acepción poco frecuente de "traficante/vendedor", y querer así significar "experto en decir tonterías" o "vendedor de tonterías": cf. Logan *et al.* (2006: 35). Asimismo, δάϊος puede significar "destructor" y querer dar a entender aquí que Hythlodeo era "contrario a las tonterías": cf. Romero (2018: 171).

[5] Hythlodeo es un filósofo y a los tales, Quintiliano (*inst.* 11,1,33-34) aconseja evitar *plerique orationis ornatu*, i.e., mucha parte del ornato propio de la oratoria. Sobre posibles implicaciones de esta afirmación, cf. Romero (2018: 175).

[6] El conocimiento del griego, escaso aún en algunos humanistas, se consideraba por lo general una nota de gran prestigio. Moro trata sobre la utilidad del manejo del griego de distintas formas, p.e, en las cartas a Martin van Dorp (21 de enero de 1515) y a la Universidad de Oxford (29 de marzo de 1518): cf. Cabrillana (2018: 86-87, 89-90, 96-102, 119-130).

sencillamente lo que había oído: algo realmente fácil. Con todo, y aunque esta tarea no representaba apenas esfuerzo, al tener que estar ocupado en tantas otras labores, estas apenas me dejaban tiempo libre. Así, mientras que estoy dedicado con frecuencia a asuntos legales defendiendo, escuchando, pronunciando laudos como árbitro o dictando sentencias como juez; mientras que tengo que hacer visitas de cortesía o por trabajo; mientras que estoy casi todo el día ocupado con gente de fuera y el resto con los míos, queda lo demás —nada— para mí, o sea, para las letras.

3. De modo que, cuando vuelvo a casa, tengo que hablar con mi esposa, charlar con mis hijos y resolver asuntos con los criados. Todo esto lo considero parte de mis deberes, que es necesario atender, a menos que quieras ser un extraño en tu propia casa; y es muy necesario tratar con todo el agrado que puedas a quienes la naturaleza ha puesto a tu lado, o el azar ha hecho que estén cerca de ti, o a los que tú mismo has elegido, pero de forma que no los estropees con tu afabilidad en el trato o conviertas a los criados en señores por tu excesiva indulgencia. Entre estas cosas que comento transcurren los días, los meses, los años.

4. ¿Cuándo escribir, entonces? Y no he dicho nada del sueño ni de la comida, que para muchos lleva casi tanto tiempo como el propio sueño, el cual consume prácticamente la mitad de nuestra vida. Pues yo solo consigo tener el tiempo que le robo al sueño y a la comida[7], que,

---

[7] Consta que Moro no dormía más de cinco o seis horas, según el testimonio de Stapleton (1966 [1588]: 28), biógrafo casi contemporáneo de Moro.

aunque es bien poco —y de ahí mi lentitud— he conseguido en ese escaso espacio terminar la *Utopía* y enviártela, querido Peter, para que la leas y me hagas ver si hay algo que se me haya escapado. Pues, aunque en esto tengo bastante confianza en mí mismo —ojalá que tuviera el juicio y el conocimiento a la altura de la memoria, de la que no ando escaso[8]—, no me fío del todo como para estar seguro de que no he olvidado nada.

5. Pues mi pupilo John Clement[9] —que, como sabes, estaba también presente en la conversación y quien no quiero que pierda ninguna que pueda reportarle algún provecho— me ha puesto en una gran duda; él es esa planta que ha comenzado a verdear[10] en el conocimiento de las letras latinas y griegas, que espero que una vez llegue a ser frondosa. Así, por lo que recuerdo, Hythlodeo

---

[8] A este respecto, resulta ilustrativo el dato que el propio Moro da a conocer al final de la carta que escribe a Martin van Dorp —la más larga de cuantas se conservan del humanista inglés y quizá también la más complicada— para que el destinatario disculpe la posible rudeza de su texto: la carta, que es casi un ensayo con numerosas alusiones y citas de diversos autores, fue escrita durante una estancia en Brujas en la que Moro no tuvo acceso prácticamente a ningún libro; cf. Cabrillana (2018: 114-115).

[9] John Clement (†1572) fue tutor de los hijos de Moro —especialmente de su hija Margaret— sobre todo en las lenguas griega y latina a partir probablemente de 1514. Profesor de Oxford muy joven, se casó con Margaret Giggs, hija adoptiva de Moro. Se dedicó especialmente al estudio de la medicina, campo en el que destacó. Como Tomás Moro, se negó a prestar juramento al Acta de Supremacía de Enrique VIII; después de la muerte de Moro, se retiró a los Paises Bajos.

[10] El infrecuente verbo traducido —*euiresco*— parece a todas luces un compuesto de *uiresco* "verdear, florecer", que probalemente procede a su vez de *uireo*. En latín clásico, el significado es más bien el de "palidecer", pero, como apunta Surtz (1993: *ad loc.*) en Surtz & Hexter, el contexto parece requerir el sentido de "hacerse verde".

había contado que el puente Amauroto[11], por donde se cruza el río Anhidro[12], tenía quinientos pasos de longitud, pero mi John dice que hay que restar doscientos, puesto que la anchura del río no tiene allí más de trescientos pasos[13]. Te ruego que hagas memoria sobre este punto. Pues si coincides con él, yo estaré de acuerdo y consideraré que ha sido una equivocación mía; pero si no lo recuerdas, mantendré, como hice, lo que me parece recordar, ya que lo que más me preocupa es que no haya ninguna cosa errónea en el libro, y si hay algo dudoso, mejor decir algo falso y no una mentira[14]: prefiero ser honesto antes que ingenioso.

6. De todos modos, sería fácil poner remedio a este mal si le preguntaras al propio Rafael, ya sea en persona o por carta; es necesario que lo hagas también por otro inconveniente que nos ha salido al paso, no sé si más bien por mi culpa, por la tuya o por la de Rafael mismo: el caso es que no se nos ha ocurrido preguntar —ni a él decir— en qué parte del nuevo mundo se encuentra Utopía. Estaría dispuesto a pagar una buena cantidad de

---

[11] Del griego ἀμαυρός ("oscuro"); se prefiere aquí, como en otros nombres propios de la isla, la forma castellanizada del nombre propio.

[12] Del griego ἄνιδρος ("sin agua"); cf nota anterior.

[13] Según el trabajo de Nagel (1973: 176), Moro está en lo correcto.

[14] Algunos ven en esta afirmación de Moro una postura moral que albergaría ecos de un pasaje de las *Noctes Atticae* de Aulo Gelio (11,11,1-4), puesto que no se encuentran huellas claras de esta distinción (falsedad objetiva / mentira intencionada) en las obras teológicas; sin embargo, quizá haya que pensar que todo este párrafo forma parte del tono e intención irónica —y en ocasiones paradójica— de Moro (cf., p.e., Gury, 1983: 50; McCutcheon, 1983, 2015; Vázquez de Prada, 2013: 54). Sobre el uso de Aulo Gelio por parte de los humanistas, cf. Baron (1951) o Shoeck (1960a, 1960b).

dinero para remediar este descuido: porque me avergüenza no saber en qué mar está la isla de la que tanto he escrito y porque hay algunos entre nosotros, y en particular un piadoso varón teólogo de profesión[15] a quien consume el deseo de ir a Utopía, no por el vano placer de explorar cosas nuevas sino para fomentar y propagar nuestra religión, ya felizmente implantada allí. Para hacerlo correctamente, ha decidido arreglar las cosas para ser enviado allá por el Papa e incluso ser nombrado obispo de los utopienses: no siente escrúpulo alguno de hacer esta petición del episcopado para sí mismo, puesto que lo considera una santa ambición que no se debe a una búsqueda de honores o provecho, sino que nace de un piadoso celo.

7. Por tanto te ruego, querido Peter, que te pongas en contacto con Hythlodeo, si buenamente puedes en persona —y si no está ahí, por carta— y te asegures de que no hay en mi libro nada falso o que omita la verdad. Y no sé si no sería mejor enseñarle el libro, pues no hay nadie más a propósito para corregir algún error que haya en él, aunque no podrá hacerlo si no lee con cuidado lo que he escrito. Además, de ese modo será posible que descubras si acoge con gusto o lleva mal que haya escrito yo esta obra. Pues si él ha pensado hacer su propia narración, quizá no quiera que la haga yo, y ciertamente no desearía arrebatar la flor y gracia de una historia novedosa al dar a conocer yo la república de los utopienses.

---

[15] La anotación que aparece en una traducción de la *Utopía* de 1624 identifica este personaje con Rowland Phillips (ca. 1468-1538), vicario de Corydon y contemporáneo de Moro; Rogers (1947: *ad loc.*) proporciona más datos; esta posibilidad necesitaría de pruebas mayores para ser confirmada. Podría verse también aquí, sin embargo, una ficción cómica de Moro.

8. Con todo, para ser sincero, ni siquiera he decidido aún si voy a publicar esto o no. Pues, en efecto, tan variados son los gustos de los mortales, tan enfadadizos los temperamentos de algunos, tan ingratas sus disposiciones, tan absurdos sus juicios, que parece que se entienden mejor con quienes, alegres y bulliciosos, se dejan llevar por sus inclinaciones naturales que con quienes se aplican con verdaderos esfuerzos a publicar algo que pueda ser útil o placentero a gente despreciativa e ingrata. Saben poco de letras; muchos las desprecian. El bárbaro rechaza como trabajoso lo que no es completamente bárbaro. Los pedantes desprecian como trivial lo que no está plagado de palabras desusadas. A algunos solo les agrada lo antiguo, a muchos únicamente lo que ellos escriben. Uno es tan sombrío que no admite un chiste, aquel otro tan insulso que no soporta una broma. Algunos son tan chatos que rehúyen la sátira como el perro rabioso el agua. Hasta tal punto son volubles algunos que aprueban una cosa cuando están sentados y otra distinta cuando están en pie[16].

9. Estos se sientan en las tabernas y entre copa y copa hacen juicios sobre el talento de los escritores, y los condenan llenos de autoridad, por más que lo hacen a capricho, pellizcando en sus obras como si de un pelo se tratara, mientras que ellos permanecen seguros, y como suele decirse, fuera de tiro[17]. La verdad es que esos buenos

---

[16] La expresión constituye una variación sobre la que figura en la *Invectiva contra Cicerón*, atribuida a Salustio, *in Tull.* 4,7: *aliud stans, aliud sedens sentis de re publica* ("piensas sobre la república una cosa cuando te sientas y otra cuando estás en pie").

[17] La expresión griega —ἔξω βέλους— es explicada por Erasmo en *Adagia* 293: *extra telorum iactum.*

hombres están tan afeitados y rapados[18] que no tienen un pelo por donde se les pueda coger.

10. Hay además algunos tan ingratos que, aunque les agrade mucho una obra, sin embargo no aprecian a su autor en absoluto. No se diferencian mucho de los convidados rudos que una vez que han sido espléndidamente agasajados con un opíparo banquete, abandonan finalmente la casa sin dar siquiera las gracias a quienes los han invitado. ¡Ponte tú a preparar ahora un banquete a tus expensas para gente de paladar tan delicado, de gusto tan variado, de espíritu tan poco olvidadizo y agradecido![19].

11. Sin embargo, querido Peter, trata lo que te dije con Hythlodeo. Después, podré pensar de nuevo sobre todo este proyecto. Aunque se llevará a cabo si él da su aprobación —por más que como he acabado la redacción del libro, creo que ahora es tarde para eso—, en todo lo demás seguiré el consejo de mis amigos, y sobre todo el tuyo. Que estés bien, queridísimo Peter Giles, junto con tu excelente esposa[20]; que tu afecto hacía mí sea como el de siempre, pues mi cariño hacia ti es mayor cada día.

---

[18] Posible alusión a un modo de estar que hace difícil ser atrapado, como ocurría en las luchas antiguas, en las que los púgiles se untaban con aceite.

[19] En este pasaje, como en otros muchos que no señalo por falta de espacio, se observan ecos de motivos y modos de decir erasmianos.

[20] Cornelia Sandra, esposa de Peter Giles, con la que se casó en julio de 1514; Moro escribió un epitalamio con motivo de este matrimonio que fue publicado en 1524. A la muerte de Sandra, en 1526, Erasmo escribió su epitafio.

A PETER GILES
(CA. AGOSTO DE 1517, LONDRES)

TOMÁS MORO SALUDA CON GRAN AFECTO A SU QUERIDO PETER GILES

1. ME HA COMPLACIDO MUCHO, queridísimo Peter, la crítica de ese agudísimo personaje que conoces[1], que ha utilizado este dilema sobre nuestra Utopía: «Si los hechos se cuentan como verdaderos, veo en ellos algunas cosas absurdas; pero si son una ficción, entonces encuentro que el juicio de Moro no es exacto en algunas». A ese hombre —quienquiera que sea (y a quien juzgo docto y veo como amigo)—, mi querido Peter, yo le estoy muy agradecido. Pues ese juicio suyo tan sincero me ha halagado más que ningún otro desde la publicación del libro.

2. En primer lugar, atraído por el interés en mí o en mi obra, parece que no se ha agotado en esa labor, ya que la ha leído por completo, y no de una manera superficial y precipitada, como suelen ir los sacerdotes al rezo de las Horas —ciertamente los que acostumbran a ello—, sino

---

[1] Surtz (1958: 323) sospecha que Moro se está refiriendo algo críticamente a algún escolástico contemporáneo, frente a lo que sería deseable en la actuación de un buen humanista.

tan lenta y cuidadosamente que ha podido apreciar con agudeza los detalles. Después, al hacer objeciones a algunos puntos, con moderación manifiesta que él no censura el resto, sino que, en su opinión, queda aprobado. Por último, con las mismas palabras con las que me hace un reproche, me alaba más que todos los que han buscado alabarme a propósito. Muestra, pues, abiertamente, que me tiene en un alto concepto si, al leer algo que no es exacto, se queja de que le he desilusionado, pues eso es más de lo que podría esperar si yo no hubiera escrito, entre otras muchas cosas, algunas que son absurdas.

3. Sin embargo —si yo a mi vez puedo comportarme con él con no menos franqueza—, no veo por qué le tiene que parecer que él es tan clarividente y, como dicen los griegos, "perspicaz"[2], cuando ha detectado algunas pequeñas cosas absurdas en las instituciones de los utopienses o que yo he concebido algunas cosas no suficientemente apropiadas en la formación de la república; como si no existieran cosas absurdas en cualquier parte del mundo o como si absolutamente ningún filósofo hubiera organizado nunca el estado, al gobernante, o incluso su propia casa, de tal forma que ninguna cosa de las que ha pensado debieran cambiarse. Si la memoria de los hombres más ilustres, consagrados por el tiempo, no fuese sagrada para mí[3], podría ciertamente citar algunos puntos de condena sobre cada una de estas cuestiones, puntos en los que sin duda conseguiría una aprobación unánime.

---

[2] La expresión traducida —ὀξύ δερχθείς— proviene del adverbio ὀξύ ("agudamente") y del verbo δέρκομαι ("percibir de modo penetrante").

[3] En este caso, omito los paréntesis en los que Surtz & Hexter (1993) introducen este texto (*nisi… memoria*) para facilitar la comprensión.

4. Ahora, cuando él duda si el asunto[4] es real o ficticio, yo entonces demando un juicio suyo más exacto. Pero no entiendas por ello que, si he decidido escribir sobre esa república y se me ha ocurrido esa historia, no iba a apartarme de esa ficción por la que la verdad, como si estuviera untada con miel, pueda deslizarse con algo más de suavidad en las mentes. Yo ciertamente habría suavizado la ficción de modo que, si quería abusar de la ignorancia del vulgo, al menos habría prefijado algunas indicaciones con las que nuestra gente más instruida siguiera las pistas con facilidad.

5. Así, si no he hecho más que poner nombres a quien gobierna, a un río, a una ciudad y a una isla —nombres tales que pudieran sugerir a los más instruidos que la isla no estaba en ninguna parte, que la ciudad era algo fantasma, que el río no tenía agua, que el gobernante no tenía pueblo—, eso no habría sido difícil de hacer para mí y ciertamente mucho más divertido que lo que realmente he hecho. A menos que la fidelidad a la historia me hubiese obligado, no soy tan estúpido como para haber querido servirme de nombres extranjeros que no significaban nada: Utopía[5], Anhidro, Amauroto y Ademo[6].

6. Por lo demás, querido Giles, veo a algunos tan cautos que, prudentes y sagaces, apenas se les puede inducir a creer lo que nosotros —gente normal y crédula— hemos

---

[4] i.e., Utopía.

[5] Aunque existe una abundante discusión al respecto, la opinión más generalizada es entender el nombre como "no-lugar" (οὐ-τόπος); cuenta con adeptos también la postura que defiende que el nombre está haciendo referencia a un "lugar bueno/feliz" (εὐ-τόπος).

[6] Del gr. ἀ-δῆμος ("sin territorio/pueblo"); para los dos nombres anteriores, cf. notas a su aparición en la carta precedente, § 5.

escrito con cuidado y que nos ha contado Hythlodeo. Para que mi confianza, lo mismo que la fidelidad histórica, no pueda estar en peligro con esas personas, me alegro de que me sea lícito decir de mi parto lo que la terenciana Misis dijo sobre el hijo de Gliceria para que no se le considerase simulado: «¡Por Pólux! Doy gracias a los dioses, ya que algunas mujeres libres estuvieron presentes en el parto»[7]. Pues eso es lo que me ha ocurrido, y de forma muy conveniente, ya que Rafael ha contado esto no solo a ti y a mí sino también a varones muy honestos y respetables; no sé si les contó detalles más numerosos e importantes, pero ciertamente no menos sustanciales y significativos que a nosotros.

7. Si esos incrédulos no les creen ni siquiera a ellos, que se dirijan al propio Hythlodeo, pues aún no ha fallecido; he oído recientemente de algunos viajeros que venían de Portugal que el pasado mes de marzo él estaba tan sano y agudo como siempre: que le interroguen[8] entonces por la verdad o que indaguen con preguntas. Solo querría que entendieran que yo soy responsable únicamente de mi obra, no también del crédito ajeno. Me despido de ti, mi muy querido Peter, de tu agradabilísima esposa y de tu hermosa hijita, a quienes mi esposa desea una larga vida.

---

[7] Palabras de Misis en Terencio, *Andr.* 770-771; la esclava Misis tiene en cuenta aquí la posibilidad de que alguien pueda testimoniar que el parto de Gliceria ha sido auténtico: el testimonio de una persona libre estaba siempre por encima del de un esclavo; además, en el mundo griego y en el romano sólo era legal la declaración prestada por un esclavo, si se necesitaba, bajo tortura.

[8] Del verbo traducido (*exiscitor < ex-sciscitor*), no clásico, se hace eco el léxico de Hoven (1994: *ad loc.*) y le dota del significado de "informarse", aunque plantea la duda de que se trate de un error tipográfico de la edición de Yale; los editores sugieren que puede tratarse de un compuesto creado por Moro.

A EDWARD LEE
(1 DE MAYO DE 1519, LONDRES(?))

TOMÁS MORO SALUDA CON GRAN AFECTO A EDWARD LEE

1. MI MUY QUERIDO LEE: he recibido dos cartas[1] a través de tu hermano Wilfred[2], varón muy virtuoso y joven afabilísimo; las dos se han escrito en Lovaina: una el día diez de abril y otra el día veinte. La primera de ellas contiene sobre todo estos tres puntos: en primer lugar, parece que te ha llegado el rumor que están difundiendo por todas partes ciertos erasmistas de que me he molestado no poco porque tú has preparado algo serio contra Erasmo y que esto me ha separado de ti hasta el punto de que no solo te había excluido de mi lista de amigos, sino que incluso estaba preparando algo en perjuicio tuyo. Si estás seguro de ello, deberías decidir (si es que tu espíritu te lo permite) no hacer caso alguno a tal amigo, o (si no pudieras imponerte eso) deberías —puesto que no hay nada que se

---

[1] Son cartas presuntamente no conservadas.

[2] Wilfred Lee se mantuvo del lado de Erasmo en la controversia de este con Edward Lee.

conlleve peor que la ingratitud— sobrellevar el disgusto[3]: para ti la propia muerte sería mejor que la pérdida de tan gran amigo, a quien has querido con un celo poco común y constantemente has ensalzado hasta las estrellas con la mayor devoción. Así, no puede sorprender que tú considerases esto como una adversidad intolerable si yo fuera a mi vez tan desagradecido e incluso tan injusto como para hacer un juicio contra un amigo antes incluso de haberlo oído. Por eso escribes que ni puedes ni quieres creer que yo he actuado así, incluso aunque los erasmistas insistan una y otra vez en lo contrario, antes de asegurarte de tal hecho por una carta directamente de mi persona.

2. En segundo lugar, has intentado probar ante mí que en todo este asunto no tienes ninguna culpa, sino que toda esta tragedia se debe a Erasmo —repitiendo la historia íntegra desde el principio de manera bastante amplia y explícita— y manifiestas los orígenes de toda la controversia desde su nacimiento hasta su desarrollo: y ello, diciendo, primero, que tú nunca habrías expuesto esta labor de anotación si no te lo hubiera impuesto tu estima por él y sus insistentes ruegos; después, que él rechazó tus anotaciones como pequeñeces y cosas sin importancia[4], y que, no obstante, había obtenido unas anotaciones de tu secretario a escondidas y había tomado[5] de ellas alguna

---

[3] Aquí especialmente y en otros muchos pasajes de la carta —que, por razones de espacio, no se señalarán—van a verse ecos de los *Adagia* y de varias cartas y escritos erasmianos.

[4] Traduce *nugamenta*, palabra algo tardía que aparece por primera vez en Apuleyo, *met.* 1,25,3.

[5] La forma verbal que aparece es el infinitivo de perfecto activo *excerpsisse*; Surtz (*ad loc.*) propone la posibilidad de leer una forma personal (*excerpserit*), pretérito perfecto de subjuntivo.

corrección para mejorar su segunda edición. Y que, no contento con esto, ha quitado la fama a tu nombre por toda Europa como si tú hubieras acumulado solo nimiedades y como si las hubieras preservado con preceptos de pensadores modernos[6] y te hubieras negado a dejarle ver tu trabajo para que él pudiera corregir errores y defenderse.

3. En tercer lugar, añades que, aunque te hubiera sido lícito manchar su fama al publicar tus anotaciones, las habrías eliminado en el momento en que habías decidido no continuar con esta controversia hasta que las hubieras enviado al reverendo padre en Cristo, el obispo de Rochester[7], para que las sopesara y examinara, y él, si yo hubiera querido, me habría permitido también verlas. En este punto me pides que examine el asunto con una valoración equilibrada, confiando en que, si lo hago, veré con cuánta franqueza te estás portando con él, con cuánta claridad, con cuánta inocencia y con qué poca doblez, al anotar únicamente lo que él escribe y en qué no estás de acuerdo. Y si tú alguna vez lo has criticado con notable aspereza y sin cortapisas, me pides que juzgue también con equidad la cuestión de si él lo merece. Tú afirmas que (a menos que tu opinión te engañe totalmente) yo

---

[6] Se traduce *neotericorum*, sustantivo que, en un sentido amplio, hace referencia a doctrinas y formas modernas en contraposición con las de los antiguos. Fue el nombre que recibió la escuela de escritores que precedió y acompañó la poesía de Catulo y otros poetas que propagaban un estilo de poesía distinto del correspondiente a los cánones clásicos. En ocasiones, el término *neotericus* tiene un matiz despectivo.

[7] Se refiere a John Fisher, obispo de Rochester desde 1504; se da a entender que Erasmo y Lee habían acordado que Fisher actuara como mediador entre ellos.

me daré cuenta entonces de que él ha cometido serios y vergonzosos errores.

4. Esto es lo que juzgo más importante de tu primera carta. Ahora, en tu segunda misiva, que fue escrita diez días después, se sugiere que, de repente, has cambiado de principio a fin. En ella escribes que ahora es el momento de que yo demuestre la clase de hombre que siempre has creído que era, esto es, un hombre justo, a quien —para decirlo con tus mismas palabras— «nunca ha dominado ninguna inclinación». Pues aunque tú —incluso después de que Erasmo te ha tratado mal— has permitido a los amigos comunes poner remedio a esta situación de modo que la medida que se tomara pudiera salvaguardar tu honor; y aunque —dices— has enviado ya el libro al reverendo padre de Rochester, cuyo juicio has decidido esperar, y aunque incluso el propio Erasmo ha dado su consentimiento a este plan cuando se lo diste a conocer, sin embargo sus intenciones actuales son totalmente diferentes de las que profesaba, y después de unos días en que estuvo de acuerdo con tu plan, de pronto ha vertido un torrente de abusos más que descabellados, de forma indecente e inmoral y sin provocación por tu parte, en su *Apología contra Latomus*[8], en la que incluso si ha evitado mencionar tu nombre, él no ha sido suficientemente discreto como para impedir que cualquiera gritara al punto que el disparo había sido contra tu persona. Y así, aunque tu nombre no aparece en el pasaje, y lo que se dice allí no cuadra en absoluto con tu persona,

---

[8] Se trata de la *Apologia in dialogum Iacobi Latomi*, publicada el 28 de marzo de 1519; Erasmo parece negar que el pasaje referido se dirija contra Lee. Iacobus Latomus (ca. 1475-1544) —James Mason— fue un eminente humanista y teólogo flamenco que enseñó en la facultad de teología de Lovaina; se opuso a la reforma protestante de Lutero.

sin embargo, como toda Europa lo ha interpretado de ese modo, tomas esto como si hubieras sido mencionado expresamente, de forma especial desde que él rehusó tu petición de quitarte el peso de esa sospecha con alguna defensa. Así, puesto que él se ha comportado de esa forma y el asunto ha llegado ya demasiado lejos, piensas que me estarías haciendo un perjuicio si no considerases suficientemente justo que yo no solo permitiera, sino que ciertamente te urgiera a poner todo tu empeño para proteger tu honor; y puesto que no puedes hacerlo sin publicar tus anotaciones, esa es la forma en que tendrás que actuar. Finalmente, estás tan firmemente persuadido de ello que crees que ninguna persona prudente o buena tratará de disuadirte. Y me pides una y otra vez que sea tu fiel amigo en este asunto como tú lo has sido y lo serás siempre para mí.

5. Aún así, querido Lee, el asunto de tus cartas es tan variado y complejo que no puedo responder brevemente; contestaré no obstante lo más escuetamente que pueda, puesto que ni quiero ocuparte mucho tiempo ni tampoco a mí me sobra como para emplearlo en contestar una carta de este tipo. Además, tal y como está la cuestión ahora, parecería que no tiene sentido que yo actuara así, puesto que tú mismo te has fijado ya el plan que quieres seguir como con un juramento estigio[9] al no retrasar ni un poco el regreso de tu hermano[10] y anticipar así el consejo de cada uno de tus amigos. No sé lo que van a decir ahora.

---

[9] Referente a la laguna de los infiernos por la que los dioses hacen sus juramentos más sagrados e inviolables, en razón de la ayuda que la Estige prestó a Júpiter en su lucha con los Titanes.

[10] Recuérdese —cf. § 1— que Wilfred, el hermano de Eduard Lee, había llevado a Moro cartas de parte del propio Edward hablándole de la situación en la que se encontraba.

Quizá algunos sigan aquel viejo consejo de "sobrelleva sin quejas lo que no puede cambiarse". Pero me atrevería a asegurar lo siguiente: que, si hubieras preferido consultarles antes de decidir por ti mismo, por Hércules que habrías encontrado aquí pocos que no pensaran que harías mejor en guardar para siempre esas anotaciones que en publicarlas algún día. E incluso esos hombres, que están ansiosos por parar tu plan de acción, pueden jurar con conciencia clara[11] —y yo ciertamente creo, Lee, que tú también lo crees— que ellos son no menos verdaderos y fieles amigos tuyos, y algunos —espero— no menos sabios, que los más prudentes de quienes con tanta inoportunidad te incitan y te urgen a que publiques en seguida.

6. Ciertamente, por lo que a mí respecta, y aunque yo me retiraría ante casi todos tus amigos en una competición de conocimientos y prudencia, cuando se trata de buena voluntad y buena fe, no hay nadie con quien yo no compita seguro de mí mismo, para que no pienses que estoy desconcertado por esa parte en que escribes acerca de cuánto me estimas y alabas. Puedo nombrar a varios hombres eminentes que darán fe de que yo he respondido del mismo modo, y otros dos cuyo testimonio no puedes rechazar ni puedes decir que no hayas oído ya con frecuencia, especialmente el de dos de tus queridos hermanos; incluso si ellos son tus hermanos, no les concedería que te quieren de corazón más que yo. Confieso que aprecio vivamente a Erasmo, y ciertamente no por otra razón que por la que le estima toda la cristiandad: principalmente porque por los incansables esfuerzos de

---

[11] Eco de Terencio, *Eun.* 331: *liquet mihi deierare* ("puedo jurar con la conciencia tranquila").

ese solo hombre, todos los estudiosos de las buenas letras han avanzado[12] en el conocimiento tanto de las disciplinas profanas como de las sagradas más que por los esfuerzos de cualquier otro hombre en los últimos siglos. Teniendo esto en cuenta, él no debe, sin embargo, ser más querido por mí que por ti, que has sacado de él no poco provecho, como muestran claramente tus cartas. Por otro lado, amigo Lee, veo más de una razón por la que estar unido a ti personalmente por un vínculo de afecto poco común: por no hablar de lo demás, hay una devoción por nuestra patria común y una relación entre nuestros respectivos padres tan amistosa y duradera[13]; por ello pude abrazarte por primera vez hace muchos años cuando eras un niño ciertamente precoz diez años más joven que yo[14]; y desde entonces te he profesado aquel cariño continuamente. Entretanto, he sido más un amigo que un colega íntimo, aunque ciertamente me habría gustado ser tan íntimo como hubiera sido posible si nuestras distintas profesiones y situaciones en la vida no nos

---

[12] Aunque Moro utiliza con frecuencia el verbo que aparece en este pasaje —*promoueo*—de forma intransitiva, el predicado es eminentemente transitivo (cf. OLD, s.v., 1-4). Se ha propuesto que su uso intransitivo (frecuente con acusativos internos) deriva quizá de expresiones como *nil promoues*, la cual puede verse en Terencio (*Andr.* 640, *Hec.* 703 o *Eun.* 913); parece que el primer testimonio claramente intransitivo podría figurar en Aulo Gelio 5,10,7.

[13] De hecho, el abuelo de Edward Lee —Sir Richard Lee— había sido alcalde de Londres y su familia más cercana conservó lazos estrechos con la feligresía de St. Stephen Walbrook, donde parece que los padres de Lee y Moro llegaron a ser íntimos amigos. Una mención de las relaciones familiares entre los Lee y los Moro puede verse en Asso (2008: 174-175).

[14] Moro nació en 1478 y Lee en torno a 1482; Moro parece situar el nacimiento de Lee cinco años antes.

hubieran separado. Y realmente nunca nos han separado tanto que yo haya perdido de vista esa fina inteligencia, tan pulida y bien cultivada para el aprendizaje, esa insaciable sed de conocimiento, esa ferviente pasión por los estudios, o ese intenso e incansable empeño. Todo esto sostenía mi atención y me llevaba a apreciarte más cada día, sobre todo con la esperanza de que —como me había prometido a mí mismo, feliz— a su tiempo llegaría un día en que tus esfuerzos harían que esta Inglaterra nuestra fuera famosa por todo el mundo[15].

7. Mi afecto hacia ti hasta ahora no es sino como te he dicho, y tampoco ahora voy a disminuir mi aprecio o abandonar mi esperanza; tan lejos estoy de planear o amenazarte con un daño. Sin embargo, querido Lee, en verdad que lo mismo que te he querido tanto y que he pensado que nos traerías una gran gloria, así de profundamente me duele verte enrocado de manera tan terca en un plan que no soy el único que espera que no te aportará nada ni añadirá prestigio a nuestra nación, puesto que se verá como una acción envidiosa por tu parte ya que tú solo llevas a cabo un ataque tan hostil sobre el trabajo mismo que otro hombre ha elaborado para el beneficio común de todos los mortales, y ello con no poco gasto de su fortuna personal y de su salud. Ciertamente, hay peligro de que, si tú continúas en la misma línea que has comenzado, todos juzgarán que albergas una hostilidad general más contra toda la humanidad que solo contra Erasmo, puesto que son los intereses de todos lo que estás tratando de malograr al no poder desviar los intereses de este. Él no puede ser engañado en su recompensa prevista

---

[15] Eco parcial de Cicerón, *Cael.* 31,76.

por parte de Dios —que es quien premia todas las buenas obras[16]—, incluso si los mortales rechazan su trabajo o permiten que se pierda completamente, como la envidia o falta de cuidado de ellos ha permitido que muchos volúmenes tremendamente provechosos se hayan perdido hasta ahora, y aunque sus autores hayan ya recogido en el cielo el mismo fruto que trataron de dar en la tierra.

8. Pero veo que debo ahora contestar a esa parte de tu carta en la que te parezco no solo desagradecido sino también injusto si emito un juicio apresurado y despreciativo sobre tu trabajo que aún no he leído por completo. Querido Lee, ciertamente no me tengo en tan alta estima como para arrogarme el hacer un juicio sobre la obra de nadie, pensando siempre que hay que evitar acusaciones de temeridad si me pronunciaba como lo hacen los demás hombres, sobre todo los que son de clara virtud e indudables conocimientos. Y cuando observaba que esta clase de hombres era unánime a la hora de aclamar[17] el trabajo de alguien —el de quien tú atacas— más que los de todas sus obras, aunque no hay ni una obra suya a la que no aplaudan con entusiasmo, ciertamente no pensaba que tenía que acusar con un juicio precipitado ni ser encontrado culpable de ingratitud para contigo si antes de leer incluso una línea de tu libro me parecía que debo tener más confianza en todos esos hombres que en ti. Así,

---

[16] Para esta idea y la que se desarrolla hasta el final del párrafo, cf. *Matth.* 6,2-4.

[17] Opto por una suerte de perífrasis al traducir la palabra *celeu(s)ma* procedende del griego κέλευ(σ)μα, y que en Jerónimo suele considerarse como el canto cuyo ritmo acompañaba a diversos trabajos (anteriormente, referido más en concreto al ritmo que se marcaba en la acción de remar).

si yo hubiera debido ser tan justo en favor tuyo como para asumir que tu juicio al condenar la traducción de Erasmo era riguroso e irrefutable, habría yo tenido que emitir una censura gravísima y tremendamente injusta sobre todos esos hombres; sobre ellos tendría, pues, que suponer que son o tan descuidados que han tratado con negligencia un asunto tan importante como defiendes que lo es este, o tan necios que no han entendido algo que para ti era tan obvio, o, finalmente, que eran tan impíos que han rehusado resistir, por Cristo, frente al mismo hombre a quien tú en persona te has enfrentado —como David se enfrentó a Goliat por el honor de Israel[18]— en una cuestión que ellos sabían que contribuiría directamente a «la ruina de la Iglesia», como tú escribes. Querido Lee, tendrás que perdonarme si preferí creer en tu opinión un poco menos fervientemente, de modo que[19] no fuera yo conducido, en mi corazón, a una condena implacable por parte de otros tantos y tan ilustres varones que estoy seguro de que te parecería una gran distinción que a alguien se le considerase que se aproxima[20] a la virtud y conocimiento de tales hombres, aunque aquél pudiera distar de ellos varias leguas[21].

---

[18] Cf. *Vulg.* 1 Sam. 17,4-7.

[19] El texto moreano solo muestra *quam* a modo de introductor de un segundo término de comparación, pero quizá habría que entender mejor *quam ut.*

[20] Cf. Virgilio, *Aen.* 5,320-321: *proximus huic, longo sed proximus interuallo, / insequitur Salius* ("cerca de él, pero cerca a gran distancia, sigue Salio").

[21] Traduce *parasanga*, una medida itineraria griega —la parasanga— que equivalía aproximadamente a cinco mil metros; he evitado una traducción literal para facilitar la comprensión al lector.

9. Y si contestas que hay varios hombres doctos que están de tu lado, eso no debería considerarse una prueba de peso contra mí, puesto que yo mismo he oído que apenas hay uno o dos que no son poco instruidos; si les has oído cotorreando[22] tonterías por aquí, estoy seguro, querido Lee, de que deberías estar más avergonzado por haber sido elegido para comandar a tales cantineros que a soldados de verdad, a menos que —espero que no— te inspire la ambición de César para preferir ser el primero en Mutina[23] (si no se me escapa el nombre) que el segundo en Roma. Pero como la buena educación es propia de los eruditos y la soberbia de los ignorantes, pienso que aquellos te garantizarán el primer puesto antes que estos te garanticen el segundo o el tercero. Y si realmente te están animando ciertos hombres ahí, ellos son los que me hacen ser más reacio a confiar en ti en lo que concierne a este asunto, puesto que yo habría confiado mucho más en ti solo de lo que lo hago en testigos como esos que se te han unido. No es que yo particularmente dude o, en esta cuestión, no reconozca su erudición (ya que pienso que ellos son esa clase de hombres que no sabemos si son

---

[22] Como señala Surtz (1993: *ad loc.*), el infrecuente verbo postclásico utilizado en participio de presente —*obblaterantes*— aparece usado transitivamente en algunas ediciones de las *Metamorfosis* de Apuleyo (9,10), mientras que otras leen *blaterantes* o *adblaterantes*. Surtz sugiere que la forma que utiliza Moro aquí y en la carta a un monje (*obblaterabat*) puede obedecer al deseo de establecer una conexión entre *obblaterare* y *oblatrare* ("ladrar a alguien"), aunque este último verbo se construye solo con Objetos personales.

[23] Ciudad de la Galia transpadana; hoy, Módena; se entiende que se contrasta la urbe por excelencia con una pequeña ciudad sin importancia. De nuevo es posible la pretensión de realizar un juego de palabras entre *Mutina* y *mutiny* ("motín, rebelión").

blancos o negros[24]); es más bien que esos hombres se han conducido de una forma en extremo[25] injusta con ERASMO[26], si a ellos (pues todos somos humanos) les alienta una humana rivalidad, o si —lo cual creo más probable— algún demonio los ha incitado levantando a esta plaga, instigando secretamente a esos secuaces para desalentar al hombre a quien ni el gasto material ni la enfermedad física o el peligro han podido arrancar jamás del virtuoso trabajo que está llevando a cabo por el bien de toda la humanidad. Con la pretensión de la santidad, pretenden estar impulsando la labor de Cristo, pero realmente la están obstaculizando al causar un trabajo con sus irritantes calumnias a quien de verdad se está ocupando de la obra de Cristo, y desviándolo de escribir sobre la Sagrada Escritura —de donde, como si de un infinito almacén[27] se tratara, él solía traer algo nuevo casi cada día para hacer avanzar el conocimiento— para, en su lugar, escribir apologías que no le son tan útiles como necesarias.

10. Estos hombres —se dice— siempre preparan a otros[28] para que corran de acá para allá entre tú y Erasmo, y después de trenzar mentiras por ambos lados, al contar cosas falsas que cada uno ha dicho del otro, os puedan

---

[24] Cf. Cicerón, *Phil.* 2,16,41: *qui albus aterne fuerit ignoras* ("quien no sabes si era blanco o negro"): expresión proverbial que utiliza también Catulo en su poema 93,2.

[25] Traduce *nimisquam*, forma constatada en Plauto, *Most.* 511.

[26] La palabra aparece en mayúsculas en la edición de Yale seguida aquí.

[27] El término traducido no clásico —*promptuarium*— designaba el lugar donde algo se guardaba; aparece en un contexto similar en *Vulg.* psalm. 143,13.

[28] Puede tratarse de una referencia al humanista flamenco Martin Lipsius (1492-1555).

unir en los malos sentimientos y, poniéndote a ti en peligro, ellos puedan servir a sus propios sentimientos partidistas. Ellos mismos merecen mucho más padecer todo el odio que inevitablemente se dirigirá contra cualquiera que se disponga a hacer lo que esos hombres te urgen ahora a hacer a ti: no a elegir uno o dos pasajes concretos en los que puedas mostrar que él ha cometido un error (lo cual es posible) o que tú te has equivocado (lo cual es bastante posible); más bien[29], en cambio, a que lances un ataque frontal contra toda su obra, alegando que él no debería en absoluto haber hecho la traducción ni debería habernos mostrado las discrepancias entre los textos griegos y los latinos, y que incluso si mereciera la pena haberlo hecho, él no era por supuesto competente para hacerlo. Por el contrario, no solo todos los hombres doctos aquí y en Lovaina discrepan de ti en cada uno de estos puntos, sino que también lo hace el Papa[30] —el mayor y más grande de los mortales—, que debería preceder a todos los entendidos. Así, por su piadosa urgencia Erasmo ha realizado obedientemente esta tarea, que con la ayuda de Dios ha terminado en dos ocasiones con éxito: él ha ganado dos veces el agradecimiento y la especial alabanza del Papa, como declaran sus dos cartas de solemne reconocimiento[31].

---

[29] Aunque el texto latino solo muestra la adversativa *sed*, el hecho de que previamente se haya introducido una oración de *ut* sugiere que aquí habríamos esperado también *sed ut*, en una suerte de correlación.

[30] León X (1475-1521).

[31] Parece que, aunque León X miraba con simpatía toda la labor de Erasmo y aunque este dedicó las dos ediciones publicadas hasta ese momento al pontífice, el agradecimiento formal de este Papa humanista solo cuenta en una ocasión (cf. Allen 3, 387-388).

11. Por tanto, si ese libro contiene la enseñanza de Cristo, si yo, para valorarlo, he confiado en el vicario de Cristo —quien ha declarado útil el libro ya dos veces—, si he confiado en el Papa, repito, incluso aunque tú te opongas a él y escribas que el libro es perjudicial, creo que no he hecho nada precipitado o injusto contigo, ni siquiera en el caso de que tu libro fuera totalmente desconocido para mí. Pero en realidad no me es tan totalmente desconocido como para no mostrar ejemplos suficientes de él y poder adivinar cómo es el resto. Así, aunque nunca me hubiera llegado, sí que ha llegado a ciertas personas como resultado de la amistosa solicitud de tus más allegados compañeros, cuando ellos preguntaban por los juicios de otros para que tú no confiaras excesivamente en ti mismo. Una vez que esa gente hubo leído y sopesado concienzudamente el libro y hubo juzgado todo el asunto de forma que urgieron a los que lo han recibido para que, si ellos querían proteger tu reputación, deberían escribirte animándote a que abandonaras esa tarea[32] (y por ello no dudo que esos mismos amigos tuyos te han enviado este mensaje en razón de su confianza en ti), entonces me indicaron algunos puntos importantes como ejemplos, los mismos puntos en los que pareces pensar que tu victoria era segura. Como he dicho, querido Lee, no soy tan presuntuoso como para transmitir un veredicto en disputas sobre temas teológicos, no fuera a ser que algunos me advirtieran con razón: "Zapatero a tus zapatos"[33].

---

[32] Falta aquí la conjunción completiva *ut* tras una forma como *scriberes*; se trata de algo inusual en Moro, pero con precedentes en la prosa latina: cf., p.e., César, *Gall.* 5,46.

[33] Expresión que podrían tener su origen en Plinio, *nat.* 35,85, donde se recoge la anécdota de cómo un zapatero quiso enmendar

Pero incluso así, las notas que ellos me enseñaron, lo cual hicieron claramente como si fueran las mejores, eran la mayoría el tipo de notas que creo que yo podría refutar sin gran esfuerzo. En consecuencia, al haber encontrado que la mayoría de tus notas más importantes eran de esta clase, me parecía que podría evaluar el resto con justicia teniendo estas como base, como un león por sus zarpas, como reza el refrán. Así, si las zarpas de un león no te hacen daño, no tienes por qué temer sus bigotes.

12. Ciertamente, ese argumento acerca del término *proprium* [propio][34] que incluiste en la carta que me escribiste y que te parece tan nuclear que en más de una carta declaras que estás sorprendido por la desvergüenza de Erasmo cuando no se avergüenza de defender sus propios puntos de vista al ser la verdad tan obvia, me parece no solo a mí sino también a otros a quienes escribiste sobre lo mismo, tan endeble sutileza que, por el contrario, somos nosotros los que estamos completamente sorprendidos de tu voluntad de volverlo contra él. Así, si englobas a todos los mortales en la Εἰσαγωγή de Porfirio con un rigor tan estricto que precisamente cuando él define *proprium* como si fuera exclusivamente mío y no común para nadie más, de acuerdo con ello nadie

---

repetidamente algunos detalles de la obra del pintor Apeles, el cual le advirtió que no juzgara más allá de lo que competía a su propio oficio: *ne supra crepidam sutor iudicaret.*

[34] Referencia a Porfirio (ca. 232-304), filósofo griego neoplatónico, y su tratamiento de este concepto (τὸ ἴδιον); la *Isagogé* —una introducción a las Categorías de Aristóteles— fue traducida por el filósofo y poeta latino Boecio (ca. 480-425) y muy usada en la Edad Media para el estudio de tales categorías aristotélicas. Parece que Lee había evitado sus comentarios acerca del término antes de publicar el resto de sus notas sobre el Nuevo Testamento de Erasmo a principios de 1520.

debería usar la misma palabra de la forma en que todo el mundo la usa sin reparos; sería, por tanto, un delito cada vez que alguien llama a la nación en la que ha nacido su propia nación, o la parroquia en la que reside su propia parroquia, o el padre por quien ha sido engendrado su propio padre si es el caso que tiene otros hermanos con el mismo padre común. Aunque ni siquiera Porfirio es tan problemático como tú en este punto, puesto que menciona muchas formas aceptables de usar el término. Ni habría dicho yo absolutamente nada sobre ese término en esta carta si no lo hubieras mencionado tú en la tuya, puesto que hace tiempo he señalado a tus hermanos y a tus amigos más íntimos cómo pienso acerca de todo este asunto, y sé que ellos te lo transmitieron también hace tiempo (como deseaba), para que no te fuera necesario descubrir mis pensamientos ahora por primera vez por un rumor difundido por los erasmistas.

13. Paso ahora a referirme a tu exposición, en la que vuelves a acometer la cuestión desde el principio en un esfuerzo por mostrar que Erasmo es totalmente culpable del nacimiento y auge de esta tragedia. Pero en este tema, es realmente digno de verse cómo lo único que le concedes a Erasmo es prácticamente nada, mientras que tú te atribuyes mucho, y cómo interpretas aquí el papel de orador apilando muchas palabras[35] para exagerar cosas que en realidad son insignificantes[36]. Pero si alguien removiera esa cantidad de palabras y dejara que las cosas se unieran solas, pienso que ése no encontraría nada que

---

[35] Suerte de paráfrasis que incluye la traducción del adverbio poco común *cumulatim*, constatado en Varrón o Prudencio.

[36] Eco de Quintiliano, *inst.* 4,1,15.

70

te hiciera sentir tan mortalmente ofendido[37] por Erasmo que, por tener ocasión de herirle, tú no te habrías abstenido de trastocar el bien común de todos los hombres. Así, si alguien recogiera todo lo que has recordado en las cartas que me has escrito a mí o a alguien más, en las que magnificas las afrentas que te ha hecho, el resultado de tales cosas reside en el hecho de que él ha menospreciado tus anotaciones. Y —para serte sincero— a muchos les parece que esta no es una razón suficientemente convincente para que tú, un hombre de cristiana modestia, hagas un ataque tan hostil a una obra que aseguras que habrías promovido si —así lo interpretan ellos— tu alabanza por su parte hubiera colmado tus expectativas, aunque ahora te parecía insuficiente debido al escaso número de pasajes que él confiesa que tú le has explicado. Sin embargo, en realidad, debería parecerte un honor que un varón tan eminente en todos los campos del conocimiento confesara que había aprendido de ti alguna cosa, tanto si él estaba diciendo la verdad como si simplemente te lo concedía por cortesía; y es realmente sorprendente qué descortés eres al negarle toda competencia en la Sagrada Escritura, mientras la reclamas para ti. Qué resueltamente predices que incluso en su segunda edición —en la que él una y otra vez ha regalado tanto estudio y esfuerzo y para la que ha comparado tantos manuscritos, leído cuidadosamente tantos autores y también consultado a tantos ilustres estudiosos—, él habría aún dejado muchos

---

[37] Traduce *capitaliter offensus*; en las cartas de Plinio el Joven (1,5,4), se encuentra una expresión utilizada de forma similar: *praeterea reminiscebatur, quam capitaliter ipsum me apud centumuiros lacessisset* ("además, él [*sc.* Régulo] debía recordar el peligro de muerte a que me había expuesto con sus ataques ante los centúmviros").

errores evidentes si no la hubiera corregido conforme a tus anotaciones, como si tú se los hubieras descubierto y él no hubiera podido localizarlos por sí mismo o con la ayuda de alguien excepto con la tuya[38].

14. Yo, querido Lee, valoro tu inteligencia y conocimiento tanto como los valora cualquiera y no es infrecuente que presuma de ti. Por lo demás, no dudo de que consideras suficiente tributo a tu inteligencia el que simplemente nadie la compare con la de Erasmo; y pienso que no esperas que nadie prefiera la tuya a la suya, puesto que es conocido que la aplicación y devoción de Erasmo al estudio desde su niñez no han sido superados. Por tanto, creo que mi opinión sobre ti es claramente buena si no pierdo la esperanza de que un día en el futuro llegues a ser un hombre de la clase de la que ahora es Erasmo, pero ello no antes de que hayas vivido tantos años como él; ni se pensará que te hago injusticia alguna si mientras tanto opino que él te sobrepasa con mucho en conocimiento como lo hace en años, ya que ha gastado casi tantos años solo en el estudio de la teología como tú en toda tu educación desde la infancia.

15. Con todo, nadie está más lejos de la arrogancia de la que le acusas. Pues ¿quién formula definiciones con más moderación o realiza afirmaciones con más modestia, algo que muchos hacen con bastante osadía? Él solo señala lo que los libros dicen. Al dejar que cada cual juzgue por sí mismo, no demanda que todo el mundo esté de acuerdo con él. Y si al dar a conocer alguna vez sus

---

[38] En cualquier caso, parece que Erasmo utilizó poco las anotaciones de Lee, sobre todo en la segunda edición de su Nuevo Testamento: cf. Allen, 3,424; 4,199.

propias opiniones eso afecta a quien no coincide con él, ¿no hace lo que en realidad han solido hacer escritores de todos los tiempos? Además, él somete todas sus opiniones al juicio de la Iglesia, admitiendo repetidamente que, al ser humano, puede malinterpretar muchos puntos en ese trabajo, mientras tú, que le culpas de inmodestia, profesas con un tono de gran autoridad que has perfeccionado esa obra, al menos en lo que respecta a la teología (esto es lo que pienso que tú llamas «tu propia palestra»), y eso hasta el punto de que nadie podría encontrar después nada en ella que mereciera ser criticado tan solo con que Erasmo hubiera corregido lo que tú anotaste. Pero cuando afirmas esto, demandas para ti solo más de lo que la propia modestia de Erasmo le dejaría aceptar, o más de lo que yo personalmente concedería a los dos juntos, incluso si te concedo mucho y todo el mundo te concede todo. Y aunque él necesita menos consejo que nadie, ninguna persona lo aprecia tanto como él. Esto queda bastante claro incluso en las cartas que ha escrito a Inglaterra y a otras muchas naciones, a gente en cuyo juicio confiaba muchísimo, algunos de los cuales le han hecho ver lo que les parecía. Él ha agradecido a todos y ha aceptado el consejo que algunos le han ofrecido; algunos se han dado cuenta de que se habían equivocado al leer la contestación de Erasmo, de forma que estos le han dado las gracias por enseñarles incluso cuando trataban de enseñarle a él. Ciertamente no recuerdo que nadie haya hecho una tragedia[39] porque no han sido aceptados todos sus consejos, como si fueran el evangelio. Así, no entiendo

---

[39] Uso de la palabra *tragoedia* más propio de Erasmo que de Moro: cf. Bietenholz (1966: 26-28).

qué quieres decir cuando escribes que él no debería haber permitido que Moro le hiciera sugerencias, puesto que nunca me he considerado hombre tan importante como para que Erasmo necesitara de ellas, ya fuera sobre cualquier aspecto de las letras o sobre sus consideraciones acerca de asuntos de importancia general.

16. Ahora, en cuanto a lo que escribes acerca de la forma negativa en la que Erasmo ha recibido los consejos de Dorp[40], no sé si ha podido haber de por medio una diatriba soterrada: ciertamente en la Apología con la que él ha respondido a Dorp públicamente, a pesar de haber sido provocado por él[41] y hasta cierto punto duramente reprendido, ha respondido con tal moderación e incluso con tanta reverencia, que nunca habrá nada que haga ganar más honor a Dorp que el hecho de que incluso después de que él ha ofendido a Erasmo, este le ha otorgado una gran autoridad. Esto mismo hace difícil que me convenza de que Dorp, al haber olvidado ese favor, quisiera injuriar de nuevo a un amigo tan bien dispuesto para con él. Y me reafirmo en esa opinión particularmente por lo siguiente: porque cuando sus sentimientos se enfriaron, decidió suprimir esa dura carta que había dictado en el

---

[40] Como ya se ha aludido más arriba, Moro escribió una larga carta al teólogo y humanista holandés Martin v. Dorp (1485-1525) con ocasión de los ataques de este a Erasmo; Dorp terminó por poner fin a su diatriba con Erasmo. Una descripción de esta contienda, del papel de Moro en ella y el texto mismo de esta importante y peculiar carta pueden encontrarse en Cabrillana (2018: 15-19, 33-116).

[41] Moro tiene buen cuidado de dejar claro quién ha iniciado la contienda, i.e., Lee; sobre este asunto, el propio Moro —y esta vez como protagonista de la agresión— es tajante, de manera muy especial en la significativa carta a Germain de Brie escrita en 1520 (cf. Cabrillana, 2018: 22, 143, 149, 152-153, 182, etc.)

ardor del momento; y teniendo eso en cuenta, también yo suprimí la mía, puesto que me inclino siempre más al silencio y a enterrar este tipo de contiendas —que pueden hacer poco bien y mucho daño— que a fomentarlas. Yo he apreciado y estimado a Dorp tanto ya entonces que cuando tú estabas a punto de partir hacia Lovaina[42] te urgí a tener una especial unión con él, más que con todos los académicos lovanienses. Ciertamente nunca lo habría hecho si no hubiera asumido que él era con toda seguridad el hombre apropiado para hacer que comenzaras a apreciar a Erasmo, porque —para ser sincero contigo, querido Lee—, sabíamos que incluso entonces, tú no eras demasiado justo en tu opinión de Erasmo, puesto que Erasmo le aprecia muchísimo; y este, por su naturaleza, es tan apaciguador que dudo que puedas encontrar a nadie en ningún otro lugar que hubiera mostrado tanta paciencia en sobrellevar tan llamativas afrentas si hubiera tenido el mismo poder para contraatacar, o se habría entregado mientras tanto al resentimiento respondiendo con injurias a los que le injuriaban[43]. Así, ni siquiera cuando algunos seleccionaron ciertos pasajes de sus obras menores como pretexto para atacarle de forma que no cupiera duda de a quién estaban atacando, y al atacar su reputación con toda clase de descarados abusos, ni siquiera entonces reaccionó Erasmo con los mismos insultos que

---

[42] Lee se matriculó en la Universidad de Lovaina el 25 de agosto de 1516.

[43] Cf., p.e., Plauto, *Men.* 945: *satin haec pro sano male dicta male dictis respondeo?* ("¿no estoy en mis cabales para contestar con injurias a tus injurias?"). Moro utiliza la expresión *regestis in maledicos maledictis*; la palabra *maledicos* parece un compuesto original: no es infrecuente que *male-* entre en composición de términos: cf. Hoven (1994, s.v.).

esos hombres merecen, sino que, disimulando su malicia, consideró él suficiente defender sus propios escritos. Fue tan generoso en propiciar la buena fama de ellos que no solo no la disminuyó, sino que hasta cierto punto la mejoró no poco. Y así esta misma inmoderada modestia suya es sin duda la razón principal de que esa hidra aparezca constantemente con nuevas cabezas aun después de perder muchas; de otra forma, no dudo de que algunos le habrían atacado menos vergonzosamente si ellos hubieran visto a otros como ellos atacados durante algún tiempo con considerable dureza.

17. Me referiré ahora al final de tu primera carta, donde señalas que con la aquiescencia de Erasmo o con su simulado debate, has confiado todo lo referente a esta diatriba al juicio del reverendo padre el obispo de Rochester, a quien has hecho llegar el libro de tus anotaciones. Esta es ciertamente una acción que todo el mundo alaba en extremo, tanto si tú has actuado solo o lo has hecho con Erasmo, y ello tanto porque has dirigido tu atención a la paz como porque has elegido un pacificador que no es solo un cualificado juez en virtud de su singular conocimiento —algo de lo que todo el mundo es testigo— sino también en virtud de su extraordinaria piedad, que no permitirá que cualquier cosa buena de ambos se malogre; un hombre además que os quiere tanto a ambos que dedicará todas sus energías a buscar la concordia, y un hombre de tal habilidad y recursos que encontrará fácilmente el camino para satisfaceros a los dos.

18. Pero en realidad —para pasar ahora a tu segunda carta— este propósito tan honesto, tanto si fue una idea de los dos como si (según escribes) fue tuya, se planeó de forma tan digna de alabanza que cualquiera de los dos

que sea culpable de malograr el plan merece un serio reproche. Yo mismo ni culpo ni exonero de culpa a ninguno de los dos. Simplemente expondré cómo ven otros la cuestión; ellos empiezan por observar que mientras tú quieres parecer como si fueras el único en solicitar el juicio del obispo, parece más bien que fueras el primero en dejarlo a un lado de nuevo; hasta el punto has sido el primero, que has sido el único en rechazarlo. Pues, por el momento, ni siquiera consta que Erasmo lo haya rechazado, ya que él envió su libro primero[44] y no se lo ha reclamado al juez con carta alguna puesto que no podía evitar un juez en ningún caso, ya que, al haber publicado su libro, ha hecho que todos sean su juez. En el lado contrario, hace algún tiempo tú enviaste secretamente el libro a otras personas de aquí, pero le ocultaste completamente el asunto al obispo; y solo ahora, cuando él te ofrece su paternal consejo de no inmiscuirte en esta obra[45], le designas juez tuyo. Pero lo haces de una forma que él no supo que había sido nombrado magistrado antes de enterarse de que se le había privado de ese papel. Así, ni tu libro le llegó ni tampoco tu carta nombrándolo juez, antes de que llegara otra carta para privarlo de su papel de juez y para anunciar tu decisión unilateral de hacer tu publicación sin esperar el parecer de nadie[46]. Cuando la

---

[44] Consta que John Fisher acusó recibo de una copia del Nuevo Testamento de Erasmo en una carta de mediados de 1516 (cf. Allen, 2,268).

[45] Según anota Sturtz (1993: *ad loc.*), la carta en la que se recoge este consejo no se conserva.

[46] Parece que la sugerencia por parte Lee de que Fisher arbitrara la contienda fue hecha aparentemente a finales de marzo y ya a mediados de abril habría tomado Lee la decisión de publicar su respuesta a la *Apologia in dialogum Iacobi Latomus* de Erasmo.

gente compara estas y otras observaciones, ciertamente empiezan a sospechar que tú nunca fuiste sincero en lo que concierne a la elección de un juez.

19. Esa sospecha se refuerza desde luego por tu propia defensa, entre otras cosas; una defensa que parece a muchos extremadamente débil, y en la que quieres que parezca que eras el objeto del pasaje de la *Apologia* de Erasmo, que nadie considera que tenga nada que ver contigo. Pues ni encuentras tu nombre en el pasaje ni reconoces las características descritas allí. Además, hay otros que son merecedores de ese perjuicio y que son más cercanos a Latomus[47]; en realidad, hay algunos que viajan frecuentemente de aquí para ahí y que son descritos con trazos no mucho mejores que la persona del pasaje, quienquiera que sea. Por tanto, aunque no hay pretexto para relacionar el pasaje contigo, quizá no faltan ciertas huellas que llevarían al lector a cualquiera de esos hombres que están ocultando el asunto astutamente y que explotan tu propia credulidad para separarse del papel que te endosan a ti, y que tan gustosamente aceptas. Y así te llevan a escena y se mofan públicamente de ti con su aplauso, mientras tus amigos se compadecen de ti, tus enemigos se ríen, y esos hombres sienten especial agrado con ellos mismos y se regocijan de haber sido suficientemente taimados como para engañarte y que hagas su papel, sustituyéndolos.

20. «Pero tengo —dices— una prueba. Pues cuando me quejé a él a través de mi hermano por su injuria,

---

[47] Cf. nota correspondiente a esta carta, § 4. Según anota Rogers (1947: *ad loc.*), Latomus había escrito un diálogo (*De trium linguarum et studii theologici ratione* o *An theologo sit necessaria trium linguarum peritia*) que defendía una posición conservadora y que Erasmo consideró que le apelaba lo suficiente como para realizar una réplica.

incluso entonces negó que había escrito esas afirmaciones contra mí, lo rehusó cuando le pedí que testificara al efecto al menos con una defensa». Realmente, querido Lee, lo que pediste no habría sido fácil para él ni beneficioso para ti. Pues cuando una persona tras otra le hizo esa petición, él habría tenido que herir a alguien rechazándolo y provocar una hostilidad abierta contra sí mismo desde una rivalidad encubierta, o tendría que haber dañado su propia causa alabando públicamente a alguien a quien se habría visto obligado a atacar de manera explícita poco después. Sin embargo, tú piensas que salvaguardaría tu honor el hecho de que él testificara por escrito que ninguna de esas afirmaciones que había escrito las había escrito contra ti, como si, de otro modo, pudiera parecer que se te adecuaban. ¿No habría sido ciertamente una buena manera de dejarte al descubierto que él hubiera añadido rápidamente una nota al pasaje diciendo: 'quiero advertir a todos de que nadie sea tan suspicaz que sospeche que estas cosas se dicen o se piensan de Lee'? ¡Cuánto mejor te habrías salvaguardado si no te hubieras aplicado algo que nada tenía que ver contigo y si hubieras rechazado como malicioso y vengativo intérprete a cualquiera que intentase atribuírtelas, y no tomando el asunto sobre ti mismo de tal forma que pareces reconocer que las escribió él o que tú no tienes nada de lo que quejarte![48].

21. En realidad, querido Lee, aunque veo que cierras de antemano la puerta a mi opinión cuando piensas que cualquiera que no exhorta a la inmediata publicación de

------

[48] Aunque la edición de Yale propone una forma interrogativa de esta oración compleja, creo que su interpretación exclamativa hace más claro el texto y otorga también cierta variedad en las modalidades de frase.

esas anotaciones tuyas, o tiene escasa preocupación por tu honor o ciertamente no lo tiene en cuenta lo suficiente, sin embargo, no dudaré en arriesgar mi propia reputación ante ti sobre ambas cosas antes que no advertirte de lo que considero más conveniente para tu reputación. Eso significa, sobre todo, el consejo de que te abstengas de la publicación de ese volumen, que no te hará ningún bien y sí ganar muchas enemistades. Pues cuando tú mismo supones que esto hará que todo el mundo se dé cuenta o de que tú mereces todo el crédito si Erasmo ha corregido cualquier error o de que su terquedad es culpable si él no los ha corregido incluso después de que se lo advirtieras, veo que estás dando por sentado que quizá hagas creer, con dificultad, que él sobornó a tus secretarios y que así tuvo conocimiento de todos sus errores gracias a ti. De esta manera, tú debilitas tu propia credibilidad al decidir publicar tu libro antes incluso de haber visto su segunda edición; esto es algo que muchos creen que tú nunca habrías hecho a menos que concibieras algunas esperanzas de que él no descubriera algunos de sus errores por haber ignorado tus anotaciones. Así, si tú pensabas que él realmente tuvo acceso a tus notas, en efecto no podrías dudar de que o bien él había ya corregido esos pasajes o de que al menos vería de qué manera podía defenderse: si él ve esto último, no habría razón para que tú no ganaras una gran gloria; pero si él ha hecho la corrección, a duras penas podrías evitar tu desprestigio por haber intentado adquirir gloria de una forma perversa, como si, buscando ingenuamente la alabanza, fueras inútilmente no a señalar las faltas del libro de ahora sino las del anterior.

22. «Pero —dices— debo limpiar el honor que él ha dañado enormemente al decir no solo que mis anotaciones

son cosas nimias sino también que yo las respaldo con el dictamen de los modernos». Entretanto, querido Lee, no veo cómo esto se corresponde con tus otros puntos de vista, puesto que acusas a Erasmo —como si fuera un crimen capital— de conceder a los modernos demasiada poca autoridad, aunque él en realidad se la concede suficientemente, mientras que yo dudo de que nadie les reste más valor que tú al considerar que te deshonra el hecho de que él diga que apoyas tus anotaciones con el dictamen de los modernos. Con todo, si tu honor ha sido tan manchado que ha de ser restituido, y si no hay otra manera de limpiarlo que con la publicación inmediata de ese libro tuyo, aunque incluso es más respetable sobrellevar alguna pérdida de tu renombre que mostrar una estima tan desorbitada por tu propio bien que te lleve a perjudicar el bien de muchos[49], incluso así puedo perdonarte con facilidad —siendo como son las costumbres de hoy[50]— si prefieres tu propio bien al de otro. Pero no me parece que tu honor haya sido tan terriblemente menospreciado, e incluso si hubiera sido así, no me parece que pueda ser rescatado con esa publicación. Pues ese pasaje de su *Apologia* no tiene absolutamente nada que ver contigo. Además, en las cartas que él ha escrito a Inglaterra, nada parece haber hecho menos o incluso haber pensado, que hacer daño a tu nombre. Por el contrario, la gente aquí ha estado murmurando[51] durante casi un año sobre

---

[49] El mismo motivo aparece en Terencio, *Andr.* 625-628: el joven Carino expresa admiración negativa por ese tipo de conducta.

[50] Traduce la expresión *ut nunc sunt mores*, que aparece exactamente así en Terencio, *Phorm.* 55, en boca del esclavo Davo.

[51] El verbo traducido —*susurro*— hace referencia más a hablar en voz baja o a cubierto que a divulgar algo falso.

lo que tú has escrito contra él, aunque yo no he visto a ningún hombre de bien a quien agrade tu plan ni he notado ninguna señal de que Erasmo se sienta ofendido contigo, a menos que lo parezca por su queja reciente sobre algún hecho tuyo en su contra, y eso que él ciertamente escribe con mucha más moderación acerca de ti que tú sobre él. Y si alguien sopesa vuestras dos historias, temo ciertamente que te condenará más que Erasmo de haber sido injusto, a no ser que ese alguien piense que las historias que ha oído sobre ti son falsas. Yo estoy tan dispuesto a creer como deberías estarlo tú también que son realmente falsas esas historias que los mismos chismosos[52] te han contado sobre él; si piensas que esos hombres son mentirosos, lo cual pensarás si quieres ser absuelto, tú le absolverás igualmente de la injusticia de la que ahora le acusas.

23. Pero hablas acerca de no sé qué carta en la que Erasmo te ha atacado gravemente, carta que no sé si puedes mostrar. Sin embargo, una cosa sí sé, querido Lee: que hay una carta tuya —y se trata de una carta autógrafa, algo que no es posible negar— de la que se puede deducir que tú mismo abordaste esas anotaciones y las continuaste con un espíritu muy diferente del que profesas ahora, apelando a menudo a tu conciencia a responder como testigo, y que tú realmente las abordaste de tal forma que antes de llevártelas de casa[53], —como se dice— tenías un veredicto,

---

[52] El término aquí traducido —*rumigeruli*— aparece en Amiano y Jerónimo con el sentido similar: "Personas que propalan noticias o rumores".

[53] Cf., p.e., Quintiliano, *inst.* 4,5,4 (*si inuenta subito nec domo allata*: "Si [*sc.* las ideas] no se traen ya de la propia casa") y el proverbio que Erasmo en *Adagia* 1206, que tiene su fuente en Plutarco: τὴν οἴκοθεν κρίσιν ("un juicio traído de casa").

prejuzgando que la hierba no merecía la pena antes incluso de haberla visto, cuando todos los hombres de bien que conocían al granjero estaban seguros de que vendría una excelente y hermosa cosecha[54].

24. Pero, como comencé a decir, incluso si conviniera que tú limpiaras tu propia fama, creo que apenas lo conseguirías con esa publicación, y me temo que mientras tú te afanas en limpiarla de esa forma, vas a cubrirla con más barro y suciedad. Así, y primero de todo, veo que estás claramente equivocado en algunos pasajes y no es improbable que estés equivocado en varios más que yo no he visto. Además, hay algunos que no son muy importantes, algo que ni tú mismo negarás; otros ciertamente, aunque no te contradigan de manera clara, la verdad es que no te proporcionan mucho apoyo; y un considerable número han sido muy controvertidos y están sometidos a juicio[55]. Y si tú quitas esos pasajes del total de tus anotaciones, quedará muy poco y en todo caso no suficiente para justificar que estés escribiendo un nuevo libro de contabilidad[56]; y eso por no mencionar algo que otras personas mencionan y que consideran muy inoportuno señalar errores que ya han sido corregidos.

25. Y así estaría tu situación incluso si hubieras encontrado un adversario mudo, y sabes muy bien que el tuyo no lo es. Pero ahora, como el caso contra ti será

---

⁵⁴ Cf. de nuevo Erasmo, *Adagia* 3899.

⁵⁵ Expresión que se encuentra en Horacio, *ars* 78: *adhuc sub iudice lis est.*

⁵⁶ El texto utilizado por Moro —*nouas conficias tabulas*— se utiliza como lo hace Cicerón en *off.* 2,84. Normalmente la expresión *nouas tabulas* denota una cancelación oficial; según Sturtz (1993: *ad loc.*), aquí sugiere que Lee pretende apropiarse de todo lo que queda del crédito de Erasmo.

argumentado por un consumado maestro en argumentar todo tipo de casos y que ha dedicado también más esfuerzo y estudio a este caso que a todos los que ha preparado hasta ahora, ciertamente, querido Lee, no te vas a creer cuántas cosas vas a oír que nunca habrías esperado; y si pudieras haberlo imaginado antes, no dudo que habrías elegido abstenerte de esa labor tuya de malos augurios, en la que ojalá pudieras dejarlos de lado. De este modo, cualquiera de las pequeñeces que tú anotas, Erasmo las reducirá todas a la nada; cualquiera que no te sea muy beneficiosa la tratará de tal forma que hará que te hiera; lo que hasta ahora haya parecido ambiguo lo resolverá con claridad en tu contra; y si ha alterado algo para mejorarlo, no te lo agradecerá sino que te acusará de insolencia y de ser un espécimen totalmente ridículo del asunto, como si no solo te gloriases en hacer de Epimeteo después de haberlo hecho[57] ni en ofrecernos consejos que el tiempo ha hecho caducos al advertirnos de que evitemos asperezas del terreno y agujeros que ya han sido alisados; pero tú además buscas alabanza en el esfuerzo ajeno, cuando lo que has encontrado que Erasmo mismo u otros anotaron lo copias todo en tus propias anotaciones y presentas los resultados de otros como si fueran tuyos, algunos de los cuales sigues encontrando hermosos incluso cuando sus verdaderos progenitores los han abandonado como monstruosidades amorfas y descabelladas. Pero cuando llegas a los puntos en los que él

---

[57] Epimeteo, hijo de Jápeto y de la Oceánide Clímene o de Asia, pertenece a la estirpe de los Titanes. Forma pareja antitética con su hermano Prometeo, que poseía un don profético y robó el fuego de Zeus para el bien de la humanidad; Epimeteo advirtió demasiado tarde que el regalo de Pandora por parte de Zeus sería la causa de muchos males para los hombres.

puede probar que estás claramente equivocado, no tienes motivo para esperar la misma bondad que él siempre ha dispensado al perdonar a otros; como él ve que este modo de comportarse ha provocado que muchos hombres se atrevan a atacarle, cambiará sin duda su táctica y así —me temo— te tratará como un ejemplo para que nadie le dé problemas de nuevo con la esperanza de encontrar en él su amabilidad habitual.

26. Tal es la reacción por la que tu dictamen debería absolverle. Si tú consideras por qué has causado un amargo ataque contra él, ya sea porque consideras erróneo guardar silencio acerca de cualquier cosa que él ha dejado sin corregir o porque incluso si él no dejó nada así, aún necesitas reparar y recuperar tu propio honor, que habría sido totalmente arruinado si toda Europa —como si la gente corriente se preocupara por estas cosas[58]— pensaba que tus anotaciones eran minucias, con cuánta más justicia deberías perdonarle por responder a tu libertad con una libertad semejante; y eso tanto si su trabajo ahora revisado no conserva ninguna de las cosas que has criticado como si las cosas que has reprobado como errores suyos son cosas que su conciencia le asegura que son perfectamente correctas (y sin caer en absoluto en la arrogancia puede él confiar en su propio juicio seguramente no menos que tú en el tuyo). Y todo ello sin mencionar que toda esta agitación por tu parte está dirigida finalmente a no dejarle que haga pensar a la gente que ninguna de las cuestiones pequeñas que tú has anotado o no eran

---

[58] El texto moreano (*nam id populus curat scilicet*) es un claro y exacto calco de Terencio, *Andria* 185: *id populus curat scilicet* ("de eso se preocupa la gente, naturalmente").

correctas o no muy relevantes. Entretanto él ha tenido que entrar en debate contigo para evitar una notoriedad mayor, lo cual él no podía evitar si tus notas en puntos más importantes fueran correctas, como si él hubiera hecho algo que todo el mundo piensa que es incorrecto, principalmente el haber tratado cosas santas de manera poco piadosa. Estando así las cosas, créeme, si le provocas con la publicación de esas anotaciones, solo puedes esperar de él que olvide su habitual delicadeza y que defienda sus propios derechos[59] con todo el rigor posible.

27. Y así, mucho me temo que, por lo que veo, pueda parecer que manchas tu propio honor, hasta ahora no cuestionado por Erasmo, con un esfuerzo inoportuno. Veo que antes les ha sucedido lo mismo a algunos; las consecuencias revelarán si ellos estaban menos seguros que tú: estaban ciertamente no menos convencidos de su seguridad de lo que tú lo estás hasta que oyeron la respuesta de Erasmo. Pero finalmente se dieron cuenta de que sin el anfitrión (como se suele decir) habían calculado en vano el coste de su cena, puesto que quien hace eso, ha de calcularlo de nuevo, ya que el anfitrión añade habitualmente alguna cantidad a la cuenta que o bien ellos olvidaron o que habían omitido para ahorrarse algo.

28. Por tanto, mi queridísimo Lee, te ruego una y otra vez que no pongas demasiado la confianza en ti mismo, puesto que me has implorado en nombre de nuestra

---

[59] Nuevo eco terenciano: cf. *Ad.* 163 (*crede hoc, ego meum ius persequar*: "Créeme: reclamaré mis derechos") y *Ad.* 493 (*summa ui defendam hanc atque illum mortuom*: "La defenderé con todas mis fuerzas a ella y al difunto").

amistad —un nombre que considero especialmente sagrado[60]— que sea justo contigo en este episodio. Así, querido Lee, en lo que a mí concierne, te tendré siempre por amigo, ya que veo que no tengo modo de mostrarte más justicia que implorándote en contrapartida que reanudes las relaciones de amistad con Erasmo —lo cual hago fervientemente— por lo que sea más sagrado incluso que la amistad (me aventuraría a darte mi palabra de que él no las rechazaría) y que elimines esos odiosos reproches; y que no quieras aceptar una provincia que no podrías abandonar una vez que hayas entrado en ella, y en la cual, lo que te queda de vida —que espero está mucho menos que mediada— en medio de tumultos, agravios, contiendas y molestias más molestas que una túnica de azufre[61], te sentirás, querido Lee, más como si estuvieras quemándote que viviendo. En cambio, tú, volviéndote a la caridad cristiana, y recuperada la serenidad, vive esta vida con alegría y con paz. Desprecia la pérdida de un librito de malos augurios, que incluso extendería algunas malquerencias futuras, y busca un tema más prometedor para escribir de forma elegante, de modo que cuando pueda publicarse, beneficie y agrade a todo el mundo; eso hará que tus contemporáneos quieran tu fama y la recomienden muy favorablemente a la posteridad, y sobre todo, será la clase de trabajo por el que puedas esperar

---

[60] Cf. Ovidio, *trist.* 1,8,15: *illud amicitiae sanctum et uenerabile nomen* ("aquel nombre sagrado y venerable de la amistad").

[61] Cf., p.e., Juvenal 8,235; la *túnica molesta* hace referencia a un castigo tremendo que inventó Nerón contra los cristianos, acusados de prender fuego a Roma; consistía en envolver al condenado, previamente atado a un palo fijado al suelo, con papiro empapado de cera y alguna sustancia inflamable como el azufre; así dispuesto, se le prendía fuego.

que la voluntad de Dios te dé una suprema recompensa, porque ese tipo de premio es mucho más rico que todos los bienes de los mortales. No pongo objeción si quizá sucede que hay algunos puntos en este tema en los que Erasmo o cualquier otro escritor ha cometido un error particularmente serio, y parece claro que el mundo debería ser avisado de eso para que nadie más se tropiece con el mismo obstáculo; no pongo objeción, repito, si tú también nos haces ver obstáculos que deberíamos evitar. Y nadie que sea justo debería poner objeción alguna, siempre que ese punto fuera discutido con moderación para probar que la necesidad de una advertencia se ha presentado por sí misma y que no se ha buscado un pretexto para criticar. Pero ¿quién no ve de qué manera ese otro surco se desvía de esta restricción cuando deliberadamente un libro se enfrenta a otro libro como un enemigo contra otro? Para impedir que empieces un enfrentamiento de este tipo, querido Lee, una vez más te ruego y te imploro con todas mis fuerzas, por tu honor —que es casi más querido por mi que mi propio honor—, por mis esperanzas en ti —que son tan grandes como jamás las he concebido en otro compatriota—, por tu amor a tu nación —que estás a punto de avergonzar cubriendo de nubes la brillante reputación que le debes—, y por la consideración de tus amigos —quienes, todos ellos, unen preocupados sus oraciones a las mías—: mira por ti y por tu nación, para que nadie diga que ni Lee ni ningún otro inglés mira mal a la cristiandad por sus avances actuales. Pero si está tan dentro de ti esa noble pasión por la gloria que romperías tu dentadura antes que dejar pasar una pelea con Erasmo, no puedo hacer nada más que tener compasión de tu grave situación; ciertamente por el bien de mi nación haré cuanto esté en mi mano para dejar claro que esta acción tuya —acción que veo que queda expuesta a tanta enemistad por parte de todos los hombres virtuosos y cultivados— es la acción de un británico, no de toda Gran Bretaña, aunque yo siempre mantendré nuestra amistad hasta el límite que me permitas. Adiós. 1 de mayo de 1519.

A EDWARD LEE
(27 DE FEBRERO DE 1520, GREENWICH)

TOMÁS MORO SALUDA A EDWARD LEE

1. PIENSO QUE NO HAY NINGÚN MORTAL, queridísimo Lee, cuyas decisiones se mantengan inmutables por siempre; ciertamente a mí (pues no me propongo parecer más inmutable o prudente de lo que soy) a menudo me ocurre que lo que unas veces me agrada mucho, otras mucho me desagrada. Y no recuerdo que nunca me haya sucedido eso con más realidad y fuerza que en este asunto tuyo, en el que jamás habría pensado que pudiera haberse dado ese cambio mío de actitud; y eso no solo porque me parecía que yo mismo estaba apoyado en excelentes razones (pues las mías me han sido siempre poco claras), sino porque veía que tenía tantos —y además eran de los más prudentes— que no solo apoyaban mis opiniones y las suscribían, sino que las hacían suyas. Como ahora veo que todos esos se arrepienten del apoyo que me dieron con su voto al que no puedo renunciar, me veo obligado a ir a las urnas, aunque con fidelidad, con cierta desconfianza en mi alianza de varones de tanta categoría. O bien en la común condición de los mortales, para

quienes nunca está nada suficientemente previsto, de cualquier modo, me consolaré.

2. Pues, ¿quién no habría pensado lo que varones tan numerosos, tan doctos, tan amigos tuyos pensaron, que yo iba a sugerir algo útil: que Erasmo y tú os reconciliéis, y que ese libelo que has publicado ahora sea retirado para siempre? Pero ahora la situación hace ver que no es esta la decisión que se ha tomado tras la deliberación. Pues habría sucedido, ya que no pudo retirarse para siempre, que al menos se hubiera intentado; y no juzgo ni discuto por cuál de los dos se mantuvo. Habría sucedido —digo— aunque no del todo conveniente, ciertamente no tan inconveniente, que el libro hubiese sido publicado hace tiempo, antes de que este cúmulo de disputas tan grande y esta inmensa cantidad de afrentas —que no sé si os pesan todavía pero que ciertamente todos los demás hace tiempo que se avergüenzan de ellas—. No indago ahora sobre quién de los dos está en el origen[1]. Hace tiempo puse de manifiesto en la carta que te escribí qué parecía, por una parte a mí y por otra a otros, acerca de la actitud de ambos hasta el día de hoy. Pero después de ese día, ni sé con suficiente certeza cómo se ha tratado el asunto entre vosotros, ni me pronuncio sobre este asunto poco claro. Mas después de que dieras a entender que por mi consejo tú retirarías el libro para siempre, poca tregua habéis tenido[2]. Por lo demás, no mucho después Erasmo nos escribió aquí que tú, aunque colocabas por delante

---

[1] Sobre la supuesta provocación de esta diatriba por parte de Erasmo, cf. nota correspondiente a la carta anterior, § 13.

[2] En efecto, parece que hubo una reconciliación no definitiva entre Erasmo y Lee en julio de 1520: cf. introducción particular a la carta y Kinney (1986: xxxvi-xxxvii).

abiertamente el ofrecimiento de concordia, todos los días tramabas algo más que hostilidades por vericuetos disimulados. Tú, por el contrario, lo negabas y lo acusabas de dejarse llevar por falsos argumentos. Y así, unas veces a ti y otras a él, os aconsejamos a ambos que tuvierais cuidado de no estar enfrentados entre vosotros por malignos engaños de otros. Él, después, a menudo se quejaba de ser herido una y otra vez por tus malas artes; yo siempre le respondía lo mismo: que la malicia de otros veía con malos ojos vuestra tranquilidad y que su afán era complacerse con vuestra pugna. Pero a ti —de quien no recibía ninguna carta—, no quise herirte con una mía, sobre todo para que no pudieran airear una cantinela distinta de la que ya habían cantado tantas veces.

3. Ahora, finalmente, el libelo de tus observaciones (que ya antes también había empezado a custodiarse con bastante negligencia por parte de algunos de los nuestros y a permitir que circulase por parte de muchos) se ofrece preparado en letra impresa, pero solo algún que otro volumen. Aquí, no solo desde las primeras páginas sino también desde las últimas, advierto afrentas más violentas de lo que pueden soportar los oídos de personas honradas. Condeno los inicios y las causas de todas ellas, cuando las lanzas contra Erasmo, de modo que no te refuto ni a ti ni a él, a quien aún no he oído. Solo sé, querido Lee, que, aunque podría aducir argumentos adecuados, no debo pasar por alto la carta en la que te recomendaba que debías tener cuidado con los orgullosos espíritus de los alemanes, carta que pareces interpretar como una amenaza de odio, cuando ha salido de un ánimo sincero hacia ti y preocupado por tu salvación. Por lo demás, sopesaré al final —una vez

que haya oído también a Erasmo— de qué forma se ha llevado a cabo todo esto. Esas cosas, con todo, bien sean todas verdad —como dices—, bien te haya engañado a veces cierta idea de verdad, bien una suposición tuya (puesto que cada espíritu es suspicaz en relación con lo suyo) te haya llevado mientras tanto más lejos del lugar a donde se te conducía, hasta tal punto no me olvido de la condición humana que pienso que no hay que cerrar los ojos si alguien se complace en su dolor, tanto si este nace de causas verdaderas como imaginadas. Desearía, sin embargo, mi queridísimo Lee, en razón de mi afecto por ti (no es más sincero que el que siento por cualquier otro), desearía —digo— que te moderases de tal modo, que pueda yo alabar más bien la disposición que se sigue de tu moderación que la que procede de tu dureza. Pero esta es una queja tardía. Ahora, por lo demás, te pido, querido Lee, que te apresures a volver con nosotros, de quienes ojalá nunca te hubieras apartado. En efecto, tanto si tú dices la verdad en lo de haber sido provocado por Erasmo[3], como si él sospecha que has sido incitado por sus rivales, jamás habría nacido esta batalla entre vosotros si tú hubieras permanecido para siempre en nuestra patria; rezo para que pueda verte volver a ella en breve, sano y salvo. Mientras tanto, adiós.

En Greenwich, 27 de febrero.

---

[3] Cf. nota correspondiente a la carta anterior, § 13.

A EDWARD LEE
(29 DE FEBRERO DE 1520, GREENWICH)

TOMÁS MORO SALUDA A EDWARD LEE

1. MI QUERIDÍSIMO LEE, te he enviado una tercera carta anteayer[1], a causa de unos poquísimos volúmenes de tus anotaciones traídos aquí hace muy poco; no sé qué estudioso de París se ha apresurado a enviarlos para que algunos amigos le felicitaran por dar la noticia aún en capullo. Ayer me enviaste tu librito a la vez que una carta en la que presagias que no lo voy a considerar bien, puesto que me envías el libro impreso. Ciertamente te doy las gracias por lo que me envías; aunque hubiera preferido que se retuviera por siempre tu obra que ahora has hecho imprimir. Sin embargo, según está la situación ahora, desapruebo no tanto tu acción —que ahora hayas hecho la publicación— cuanto mi consejo, por el que se ha actuado: que no fuese publicado en ese momento, al haber podido hacerlo con menos perjuicio para ambos, ya que hasta ahora se trabajaba con enfado menos agrio por ambas partes. Pero como

---

[1] Se refiere a la carta que precede, fechada el 27 de febrero del mismo año, 1520.

he escrito tan recientemente sobre esto, no habrá necesidad de repetir lo mismo.

2. Hay una sola cosa que no debo dejar pasar: lo que dices de que yo te he escrito una carta larga[2] y casi amenazadora para que retirases el libro. En realidad, querido Lee, así como confieso que era un poco larga, por lo que recuerdo, la carta no tenía ninguna amenaza. Ciertamente no estaba en mi ánimo hacerlo ni estará jamás, pues no soy persona de amenazas. Recuerdo haber escrito que intentaría por mi honradez que esa estimación sobre la traducción de Erasmo, pareciera más cosa tuya que de nuestra patria, salvando siempre la amistad contigo, hasta que te pareciera bien; palabras que no quisiera que tú (que a veces me pareces un poco demasiado suspicaz) interpretaras como amenazas, y con las que yo —mientras que podía— nunca he pretendido otra cosa que lograr que la relación entre nosotros llegara a oídos de los de fuera, cosa que aunque quizá agrade a algunos, ciertamente no a todos. Si no puedo hacer otra cosa, al menos voy a atestiguar con esta carta que no me agrada que los trabajos de Erasmo, puestos a disposición del uso habitual de los estudiosos con tanto esfuerzo, se hagan pasar a tu librito; y voy a empeñarme en esto con especial brío además por esta razón: porque temía que si se atacaba una obra tan querida por todos los habitantes de Inglaterra, nuestra patria se atraería el odio entre todos los eruditos de todas partes. Y temía mucho este odio hasta en lo más mínimo, porque pensaba que donde tú estás[3] esa obra sería

---

[2] Se refiere a la primera de las que aquí se presentan, escrita el 1 de mayo de 1519.

[3] Se refiere seguramente a Lovaina.

desacreditada por algunos por envidia o por ignorancia. Al tiempo que auguro y presagio esto, después de que los enemigos hayan sido vencidos o hayan desistido de su propósito, los trabajos de Erasmo saldrán victoriosos para siempre. Y sin embargo no declaro culpables de envidia o de ignorancia a todos aquellos a quienes quizá la obra desagrade; por mi parte, el juicio de cada uno será libre y el calor de su celo podrá entretanto colocarla también entre los conocimientos adquiridos por la experiencia. Ciertamente declaro esto con audacia: que ni los más intachables ni los más doctos del bando enemigo se mantienen firmes como los del partido de Erasmo, de modo que nada diré entretanto sobre el Sumo Pontífice, cuya misma opinión a favor ha sido presentada ya dos veces de manera honorífica[4]; aunque a mí me parece irrefutable, no sé, en cambio, de cuánto peso será para algunos de los de ahí a los que yo —si lo que oigo es cierto— admiro enormemente; pues ellos mismos muestran una autoridad tan exigua y con esa autoridad combaten contra otros a sangre y fuego. En realidad, si desprecian aquella potestad defendida con tanta rigidez por ellos mismos y con tanta facilidad cuando es oportuno, ¿a quién no hacen ver que combaten no en favor del Pontífice sino en favor de sus propios deseos? Y así, lo que oigo que algunos hacen circular —que ellos dentro de poco van a hacer que el Pontífice revoque su voto a favor—, mal rayo me parta si no deseo escuchar aquella maravillosa palabra de hombres buenos con la que de tal modo cautivan los oídos del Pontífice que le persuaden de que, por el honor de la majestad pontificia, retire el favor de los buenos

---

[4] Cf. lo que aparece en la primera carta a Lee, §§ 10-11.

para otorgarlo a los malos, y repruebe finalmente ya esa obra que entretanto ha aprobado dos veces; y además declare ante todo el orbe —cuyo cuidado ostenta como trabajo de Cristo, a quien representa— que ha obrado con tanta negligencia que ha despreciado al rebaño del Señor, a quien va a devolver la razón, la primera vez y la segunda con su voz de pastor en una pascua dañina. En realidad, el propio Lutero puede parecer piadoso en comparación con estos ante la sacrosanta sede romana de modo que a cada cual se atribuya al menos dentro de poco la potestad universal; estos, así como la sostienen con sus palabras, de esa misma forma parecen sustraerla, cuando al aprobar las obras de los escritores tienen un juicio tan falto de peso, algo que compete a la sede, mientras que esto otro compete al Pontífice, de quien tienen una opinión tan malvada; y la sustraen también cuando consideran que él, por desidia, ha recomendado esa obra diligentemente a los fieles ya dos veces, algo que no puede darse sin detrimento de la ley y la fe. Ahora, con respecto a lo que tú dices sobre desconocer si el Pontífice la ha aprobado —puesto que los códices latinos se han examinado según el testimonio fiable de los griegos—, que ciertamente no se ha aprobado al menos el original de Erasmo, y que él mismo ha demostrado que estaba corregido, en efecto, rechazo la primera parte pero apruebo con mucho la segunda, de la misma forma que tú has discurrido admirablemente y con agudeza sobre esta. Y, en efecto, no he oído hasta ahora a ninguno de aquellos, que han encontrado un refugio tan grande para sí, que fuera lícito atacar toda una obra que no tiene castigo, puesto que la ha aprobado el Pontífice. Y así, no te voy a obligar a subirte a este burro. Deseo verdaderamente que se te abra alguna vía de escape, con la que puedas haber hecho lo que haces, manteniéndose el Pontífice sin daño.

4. Con todo, temo que por desgracia Erasmo te desaloje también de ese refugio; él, si también por él mismo y con enorme consenso de hombres buenos está en lugar suficientemente seguro, (deseo) que no soporte jamás tanta afrenta, así como que la defensa pontificia —como escudo[5] concedido por el cielo — parezca que se deposita en sus manos. Si piensas esto, el campo muy fructífero puede sin embargo contener aún algunos arbustos que ansían la mano del agricultor; y si no os habéis opuesto a la autoridad del Pontífice, tendrás como defensor no solo a mí sino también al propio Erasmo, quien no ambiciona esa alabanza que a nadie ha correspondido jamás, es decir, que no dormita[6] nunca en una obra larga, y esa alabanza se conceda solo a la obra de Erasmo; y ojalá moderes tan claramente tu opinión, querido Lee, que pueda parecer que has pensado en otra obra, visto que confiesas que no desapruebas todo aquello en lo que piensas de forma distinta a Erasmo. Si casualmente en algún pasaje (pues no he leído el libro entero) has hecho esto abiertamente, no tendrás ninguna dificultad con algún otro, a

---

[5] Literalmente, "escudo ovalado", calificativo que traduce el término *ancile, ancilis* —de origen oscuro— que designaba el escudo pequeño escotado y con forma de violín que tenía carácter sagrado, ya que se suponía que había caído del cielo; se conservaba en el templo de Marte, confundido con otros once idénticos que mandó construir Numa; se pensaba que la prosperidad de Roma dependía de que estuvieran bien preservados. Cf., p.e., Livio 1,20; Virgilio, *Aen.* 8,664; Tácito, *hist.* 1,89.

[6] Cf. Horacio, *ars* 358-359: *et idem / indignor quandoque bonus dormitat Homerus* ("y también me indigno siempre que el buen Homero dormita"); expresión proverbial que se refiere a los fallos que muchos críticos veían en sus obras.

menos que se discuta solo sobre tus anotaciones; como sin duda se rechazarán muchas de ellas, algunas quizá se conserven: con ellas el libro parecerá provechoso y son las que ahora de cualquier otro modo caen en el peligro al que se dirigen. Sin duda, como algunas son perniciosas, todas deben ser condenadas; o es más justo que eso se someta a discusión, ya que esas mismas anotaciones proponen la ley con la que perecen. Pero cuando dices que no hay peligro de que nadie se perjudique en un futuro por ellas, porque tú censuras el libro, esto es una suposición. Y hay temor al día, que preparas para ti, incluso si temes a la verdad y a cuyo encuentro puede irse de muchas maneras.

5. Y así, no he visto hasta ahora quien sostuviese una mala opinión de él (Erasmo), sino que cada día veo por todas partes a estudiosos que declaran que les ha sido de maravillosa ayuda en sus trabajos en el campo de las Escrituras. Y no dudo de que estás de mi lado, querido Lee, y de que alguna vez lo vas a confesar. Tienes a un hombre muy docto e íntegro, flor de la escuela teológica —Dorp[7]—, que te precedió como jefe de ambos y que sostuvo tu opinión hace tiempo y más tarde la abandonó tras excusarse escrupulosamente; con este reconocimiento de la verdad alcanzó una inmensa y verdadera gloria, que jamás le hubiera proporcionado ninguna otra victoria. Y estoy seguro, por lo que mencionas en tu carta, de que le estás sucediendo en el combate, de modo que sin ninguna vergüenza no vacilarás en reconocer noblemente la verdad cuando la veas (y no dudo de que la verás). Tengo esperanza en este acto de

---

[7] Cf. nota correspondiente a § 16 de la primera carta a Lee.

bondad porque veo con aprecio que has actuado así en alguna que otra ocasión; y cuidaré realmente de corazón de que Erasmo haga lo mismo.

6. Pero me pides, querido Lee, que mi afecto hacia ti no disminuya; confía en mí, querido Lee. Aunque en este caso mis simpatías están con el bando que tú estás atacando, ciertamente tengo total confianza en que tú retirarás tus tropas del asedio. Siempre te querré y estoy orgulloso de ver que mi afecto es tan valorado por ti. Si alguna vez la ocasión lo requiere, mi celo en tu favor no será menos ferviente de lo que lo es ahora en favor de la otra parte. Así que si publicas un libro (y no dudo de que publicarás muchos), y Erasmo, lanzando una mirada crítica sobre él, escribiera un panfleto con el propósito de rebatirlo (por más que pareciera que él quedaría mejor si no tomaba represalias), yo, aunque mis talentos son pobres, estaré de tu lado para defenderte con toda la energía de la que soy capaz. Adiós, mi muy querido Lee; y si nos tienes aprecio, apresúrate a venir a nuestro lado.

En Greenwich, el último día de febrero.

A JOHN BUGENHAGEN[1]
(1526)

CARTA MUY ERUDITA Y ELEGANTE ESCRITA POR EL CONOCIDÍSIMO SIR THOMAS MORE, EN LA QUE RESPONDE CON NO MENOS PIEDAD QUE HUMOR A UNA CARTA DE CIERTO POMERANO[2], VARÓN DE REPUTACIÓN NO PEQUEÑA ENTRE LOS PROTESTANTES[3]

1. CUANDO ESTABA VOLVIENDO A CASA de un viaje, uno de mis sirvientes me dio una carta: decía que la había recogido de alguien que nunca había visto antes[4]. Cuando la abrí, vi, Pomerano, que estaba escrita en tu nombre, pero por una mano que no conozco; y estaba escrita de forma tal que no parecía dirigida a mí personalmente ni en general. Pues habías escrito "A los

---

[1] Como se decía a propósito de la primera carta que abre este volumen, se opta por utilizar la forma más conocida del nombre de los personajes que se citan; así, aunque el nombre alemán de este destinatario es Johannes Bugenhagen, se le denominará con su forma inglesa.

[2] John Bugenhagen nació en Wollin, en la Pomerania alemana; este será el nombre principal con el que Moro se dirigirá a él a lo largo de la carta.

[3] Este encabezamiento —así como diversas anotaciones marginales— se debe al editor de la carta en 1568, John Fowler (1537-1579).

[4] Como se ha dicho en la introducción correspondiente a la carta, este personaje se ha identificado con William Barlow (†1569?), quien ya hacia 1530 escribía panfletos heréticos, aunque parece que después cambió de posición.

Santos en Inglaterra"[5]. Pero es que yo estoy, contra mi voluntad, tan lejos de esos que en verdad merecen ese noble título como contento de no contarme entre los únicos a los que llamas santos, Pomerano: veo que nada es santo para ti excepto la secta de los luteranos.

2. Y así estaba yo desconcertado al principio sobre cómo se le habría ocurrido a alguien —quienquiera que fuese— querer forzarme con esa carta, especialmente a mí, que nunca me había inmiscuido en el asunto luterano[6]. Pero cuando pensé más en ello, me vino la sospecha de que podía ser por lo siguiente: alguien pensó que yo era la persona apropiada para ser tanteado con una carta como esa, precisamente porque no había llegado a verme envuelto en la controversia hasta ese momento. Pues cuando todo el mundo aquí se había alborotado contra esas infames herejías de Lutero, yo no dije casi nada sobre ello. No era yo un teólogo ni persona con situación que requiriese tratar con ese tipo de corrupción[7]. Sospecho

---

[5] Bugenhagen imita el comienzo de la carta de san Pablo a los Efesios; cf. también la carta a los Colosenses 1,2. Este modo de escribir será interpretado por parte de Moro como rasgo de cierta superioridad.

[6] En realidad, Moro sí había tenido relación con la cuestión luterana cuando asesoró a Enrique VIII en su redacción de la *Assertio septem sacramentorum*, en 1521. Como se dijo en la introducción, Moro escribió una *Responsio ad Lutherum* en 1523, contestando la dura respuesta de Lutero (*Contra Henricum regem Angliae*, 1522) a la *Assertio* del rey. Sin embargo, Moro tuvo buen cuidado de que no se le asociara en aquel momento con su contestación, atribuyéndola a William Ross.

[7] Hasta ese momento, Moro era miembro del Consejo Real y en mayo de 1525 fue nombrado canciller del ducado de Lancaster y alto representante en la Universidad de Cambridge. En enero de 1526, cuando parece más probable que la carta fuese redactada, Moro era secretario particular de Enrique VIII; su fama era de reconocido abogado, diplomático y humanista —ya había escrito la *Utopía*—, pero no se le relacionaba con la controversia luterana.

que algún luterano tenía la esperanza de que esa carta
—tan piadosa en apariencia— me tentaría a alejarme de
mi posición imparcial y que me atraería a su causa.

3. Daba yo vueltas a estas cosas en mi cabeza. Aunque tu carta no necesitaba contestación y aunque yo había decidido evitar todo contacto perjudicial con ese trastorno[8] tuyo, sin embargo, el asunto me obligó a ello aun en contra de mi voluntad. Y, además, permaneciendo callado, podía quizá aumentar la inapropiada esperanza de quien me la había hecho llegar. Así que decidí contestar tu carta y dejar claro a todo el mundo que sin importar lo ignorante que soy en teología, soy aún un cristiano demasiado leal como para llegar a ser un luterano. De modo que responderé los puntos de tu carta uno a uno para que puedas ver más fácilmente lo que has conseguido con cada uno. Pues comienzas de esta forma: *Llegue hasta ti la gracia y la paz de Dios, nuestro Padre, y de nuestro Señor Jesucristo*[9].

4. Nada hay de malo en esas palabras, pero habrías parecido más modesto si hubieras imitado la conducta del apóstol más que arrogarte su estilo. Pues también es

---

[8] Primera alusión a la forma que tiene Moro de ver a Bugenhagen: se trata de una persona quizá enferma mentalmente. La palabra traduce el fuerte y expresivo término latino *pestis*.

[9] Esta es la primera de las citas de la carta de Bugenhagen que realiza Moro. Aunque solo se tenga en cuenta la extensión de las dos misivas, mientras que la de Bugenhagen apenas alcanza las tres páginas y media en la edición de Manley (1990), la de Moro abarca cuarenta y seis, algo que indica a primera vista la exhaustividad y profundidad con que Moro se toma su tarea de responder a cada una de las afirmaciones y argumentaciones de Bugenhagen. Este tipo de respuesta era, por otro lado, habitual en las polémicas renacentistas. Marcaré con cursivas los textos que así aparecen en la edición de Yale y que habitualmente recogen pasajes literales de la carta previa de Bugenhagen.

apostólico lo siguiente: *no podríamos más que alegrarnos cuando oímos que en Inglaterra, también el evangelio de la gloria de Dios ha sido bien recibido por ciertas personas.*

5. Al leer estas palabras, ¿no viene a la memoria del lector la felicitación del apóstol a la iglesia cuando esta era aún una criatura recién nacida en la cuna?[10] ¿A quién se entiende que imitas ahora, Pomerano, tan convenientemente? Justo como el evangelio comenzó a predicarse a los corintios o a los gálatas en el tiempo de los apóstoles, así también, ahora que tú estás predicando, empezaría el evangelio a escucharse y a agradar a los británicos; y, sin embargo, eso es tan reciente y ocurre con tan poca frecuencia que ni siquiera ahora el evangelio de Dios es bien recibido en Gran Bretaña, excepto por unos pocos.

6. No sé lo que tú llamas evangelio, pero sí sé esto: si estás de acuerdo en que el evangelio es lo que Cristo ha revelado al mundo, lo que los cuatro evangelistas —Mateo, Marcos, Lucas y Juan— escribieron en el pasado, y lo que antiguos eminentes personajes de la Iglesia interpretaron como evangelio, y lo que todo el mundo cristiano durante más de mil quinientos años ha entendido y aprendido como el evangelio, ese evangelio, digo, ha sido recibido en Inglaterra sin interrupción durante mil años más o menos. De hecho, la fe de los evangelios agradaba en todos los lugares de esta nación y era aceptada incluso por quienes eran demasiado débiles como para ser dignos del evangelio. Pero si quieres que enseñemos como

---

[10] Cf. *1 Petr.* 2,2, o *1 Cor.* 3,1-2. Dada la profusión de citas de la (Neo)Vulgata que se suceden en esta carta, citaré así los textos que se corresponden a ella, omitiendo la conocida fuente.

evangelio esas destructivas y absurdas doctrinas nuevas que Lutero, como otro anticristo, ha introducido recientemente entre los sajones —esas doctrinas que Karlstadt, Lambert, Ecolampadio[11] y tú mismo (cacangelistas[12] de Lutero) fomentáis y esparcís por todo el mundo—, si eso es a lo que te refieres cuando hablas de evangelio, entonces a duras penas habrá alguien en Inglaterra que dé la bienvenida a vuestro evangelio, algo por lo que no podemos no alegrarnos. *Pero nos han dicho que muchos débiles nos rechazan por causa de no se qué rumores que dicen de nosotros quienes rechazan el evangelio. Esa es nuestra gloria[13]: mucho falta para que considere que hay que refutar las mentiras que se han dicho sobre aquellos que proclaman*

---

[11] Estas tres personas eran algunos de los primeros reformadores protestantes y amigos de Lutero. El alemán Andreas Bodenstein Karlstadt (ca. 1480-1541) siguió un camino de radicalización y fue uno de los principales promotores de la controversia sobre la Eucaristía que terminaría dividiendo a los reformadores. François Lambert (ca. 1486-1530), monje franciscano francés que en 1522 abandonaría su orden, propuso con fuerza un gobierno democrático en la Iglesia que residiría solo en un sínodo. Johann Husgen (1482-1531), conocido también por la correspondiente helenización del nombre por el que era asimismo popular (Hausschein > *Oecolampadius*), contribuyó en gran medida a la extensión del protestantismo en Basilea; gran conocedor de las lenguas clásicas y del hebreo, negaba la presencia corporal de Cristo en la Eucaristía y acabó enfrentándose a Lutero.

[12] El término *cacangelista* es una creación léxica de Moro, a partir de dos palabras griegas: κακός ("malo") y ἀγγέλλειν (anunciar") y se usa de forma despectiva para designar a un protestante. Es muy probable que al conocedor de la lengua latina el neologismo le recordara al verbo *cacare* ("defecar"), el cual se retrotrae a la misma raíz griega señalada. El léxico de Hoven (1994: s.v.) lo relaciona también con *cacangelicus* —término usado por Erasmo— y lo define como "terme móqueur et méprisant formé par jeu de mots et employé pour *euangelista*, un "evangélique" → un protestante".

[13] Cf. *II Cor.* 1,12.

el evangelio. De otro modo, ¿cómo se reflejaría aquella bien-
aventuranza de "Bienaventurados seréis cuando los hombres
os maldigan"[14]*?*

7. Sin duda se apartan de vosotros no los débiles, sino los que están mucho más firmes en la fe: y no lo hacen por ninguna de esas mentiras que se cuentan en contra de quienes profesan el evangelio (pues así llamas tú a los luteranos), sino por los continuos delitos que muy verdaderamente perpetráis vosotros, pervertidores del evangelio. Pues te pregunto: ¿qué mentiras se dicen de vosotros? O ¿cuál es vuestra forma de profesar el evangelio? ¿Afirmarías que es mentira que alguien diga que vuestra secta ha devastado buena parte de Alemania con tumultos, matanzas, saqueos e incendios?[15] ¿Te atreverás a llamar mentirosos a quienes dan testimonio de que vuestra impía doctrina es causa de tantos crímenes, de tantos perjuicios, de tanta destrucción? Impulsar sediciones, incitar al pueblo contra el clero, armar a la plebe contra los magistrados, agitar a la gente contra sus gobernantes, dirigir luchas, desastres, batallas, masacres, ¿vas a demostrar que eso es practicar el evangelio? Dinos, por favor, eximio predicador del evangelio: destruir los sacramentos de Cristo[16], despreciar a los

---

[14] Cf. *Matth.* 5,11. Moro utiliza la forma en perfecto de indicativo (*maledixerunt*) en lugar de la que debería esperarse en perfecto de subjuntivo (*maledixerint*).

[15] Referencia a la sangrienta Revuelta o Guerra de los campesinos alemanes que tuvo lugar entre 1524 y 1525; esta revuelta alcanzó su momento culminante cuando Bugenhagen publicó su carta en 1525. El catálogo que comienza aquí Moro no es el único recogido en esta carta; cf. también §§ 15, 32, 43, 112-117.

[16] Moro tendría en la cabeza el contenido del *De captiuitate Babylonica* de Lutero.

santos de Cristo[17], blasfemar sobre la Madre de Cristo[18], menospreciar la cruz de Cristo, quitar importancia a los votos hechos a Cristo, romper el celibato ofrecido a Cristo, deshonrar la virginidad consagrada a Cristo, exhortar a monjes y vírgenes veladas a la vida conyugal —esto es, al estupro perpetuo—, y no solo exhortar con infames palabras sino provocar también con repugnantísimo ejemplo; dinos, insisto, preclaro predicador del evangelio, evangelista de Lutero, o tú, para quien Lutero es su mismo Cristo: hacer y enseñar estas acciones infames, ¿es eso, en fin, practicar el evangelio?

8. Así pues se apartan de vosotros, sin duda —como dije—, no los más vulnerables sino los que están mucho más firmes en la fe: lo hacen no solo por lo que se cuenta con verdad sobre vosotros, —esto es, los malos vicios de los que vuestra secta es enteramente responsable, razón por la que Dios persigue vuestra malvada secta con manifiesta venganza—, sino también porque ven que vuestros dogmas son tales que se oponen a la doctrina de Cristo de manera funesta.

9. Con respecto a todo esto, tienen claras palabras de la Escritura contra vuestros intentos en casi todos los puntos; sin embargo, para que tengan menos dudas sobre el sentido de las Escrituras, frente a vuestros desgarrados gritos (solo con ellos queréis tener pruebas de lo que decís), cuentan primero con los santísimos Padres, iluminados en otro tiempo por Dios, que interpretaron

---

[17] Lutero llegó a rechazar el uso de reliquias o de fragmentos del *Lignum Crucis*; entendía que este tipo de devociones era propio de gente inculta e ignorante.

[18] El teólogo alemán la consideraba en una situación pareja a la de la prostitución.

las Escrituras y que promovieron la piedad del pueblo con el ejemplo de la mejor conducta. Tienen además la perpetua unidad de todo el mundo cristiano a lo largo de los tiempos, desde la Pasión de Cristo hasta vuestro siglo; pero si objetáis que esa unidad vino sin la ayuda del Espíritu Santo, quien une a todos los hombres en una creencia en una misma casa[19], si queréis que parezca que toda la Iglesia a lo largo de todos esos siglos, y por engaño del diablo, pudo crecer unida contra el evangelio de Cristo, ¿qué otra cosa hacéis que quitar de raíz toda fe en el evangelio de Cristo? Por tanto —como vosotros mismos admitís—, si la Iglesia no os hubiera indicado el camino, ni siquiera habríais podido conocerlo.

10. Tienen contra vosotros también lo siguiente: que lo que ahora enseñáis ya lo enseñaron casi todo otros cuyos errores condenaron hace tiempo los Padres de la Iglesia; la Iglesia siempre ha rechazado su asociación y Dios ha puesto al descubierto su maldad al castigarles. Por el contrario, vosotros no tenéis absolutamente nada que podáis decir contra las vidas de los santos Padres (cuyas memorias venera la Iglesia desde siempre). Pues ellos, al defender todos nuestra fe, echan por tierra vuestros dogmas: ¿quién que no se declare loco querría seguir a vuestros autores allí a donde su propio error los ha sepultado, y no preferiría unirse a quienes reinan con Cristo —cosa que ni siquiera vosotros dudáis— aunque siempre que podéis los denigráis con vuestro odio y envidia? Así, cuando al principio os persuadisteis erróneamente de que erais los únicos que lo sabíais todo y de que los hombres con conocimientos de fe ortodoxa nunca habían leído

____

[19] Cf. *psalm.* 68,7.

nada excepto las controversias escolásticas, entonces, confiando en la ignorancia de otros (así os lo parecía), establecisteis que podríais tener vuestro puesto en las opiniones de los santos Padres. Después, sin embargo, visteis que vuestra esperanza y vuestras expectativas fallaban y que todos vuestros principios básicos quedaban refutados por el testimonio de esos santísimos hombres. Entonces, en verdad, de vuestra soberbia nació un odio tan tremendo que, como os avergonzábais de someteros al cielo, decidisteis condenar todo al infierno. Y de esa manera, disteis lugar a esta blasfemia impía y completamente falta de sentido: *No me importan diez Jerónimos, no me importan cien Ciprianos, no me importan mil Agustines, no me importan diez mil Crisóstomos*[20].

11. Y finalmente, para que la gloriosa majestad y el esplendor de los santos que reinan con Cristo no atenuase vuestra luz, habéis comenzado a destruir la opinión que se ha forjado sobre ellos, atacado su reputación, criticado su autoridad y arrebatado cuanto habéis podido toda su veneración y su honor. Pero ellos son poderosos e invulnerables, Pomerano; y colocados en una roca muy alta, se ríen de tus débiles ataques como de las flechas de niños[21], pues los amigos de Dios son venerados y lo serán siempre[22], y su recuerdo vivirá por los siglos. Pero, entretanto, el recuerdo de todos esos que crearon vuestros múltiples engaños, desde el primer hereje —quienquiera que fuese— hasta el final de los tiempos, morirá junto

---

[20] Son palabras de Lutero en su *Contra Henricum regem Angliae* (1522).

[21] Cf. *psalm.* 63,8.

[22] Cf. *psalm.* 138,17.

con el sonido de sus palabras[23]. A pesar de que miles de libros ortodoxos se han preservado durante siglos, a la vez que con el tiempo se incrementaba su valor, las obras de todos los herejes han desaparecido casi después de que murieran ellos, hasta tal punto de que no existe hoy ninguna obra de un hereje antiguo. Y además, cuando todas esas obras heréticas desaparecieron en tiempos pasados, no había ley que dijera que tenían que ser condenadas al fuego. Así, quedaba demostrado que se destruían por mano del propio Dios de modo que los planes de los herejes se deshacían como las telarañas y desaparecían completamente, despreciadas en sí mismas como basura y suciedad. Sin duda también a vuestra labor (que constituye un daño mucho mayor para la piedad cristiana) amenaza una destrucción no menos rápida y sobre ella se abate su propio fin. Entretanto, la memoria de esos santos Padres —por más que la envidia muestre sus dientes— será honrada y sus obras crecerán en popularidad; de ellas extraerá siempre el pueblo creyente un antídoto contra el veneno con el que infectáis el manantial de la Escritura que da vida. La unidad de esos Padres de la Iglesia resiste con fuerza frente a vosotros: no menos fuertes, os asedian vuestros propios desacuerdos, por los que no solo disputáis unos contra otros, sino que incluso cada uno está en desacuerdo consigo mismo una y otra vez. Sin duda los católicos se apartan de vosotros por las cosas que he mencionado y otras muchas como ellas; tampoco yo tengo duda alguna de que los más que malvados crímenes de esa secta vuestra alejan a varones prudentes.

---

[23] Cf. *psalm.* 9,7.

12. Por amor de Dios, en todo esto me maravillo una y otra vez de con qué descaro puedes escribir que se inventan mentiras sobre vosotros y que esa es toda vuestra gloria[24]. ¿Hasta qué punto te falta vergüenza como para mantener tu opinión de que se acusa en falso a los sicarios de vuestra secta, cuando tú mismo sabes bien que son realmente responsables del gran levantamiento por todas partes de Alemania y de la matanza de tantos miles de personas?[25]. Y son tan crueles esos sacrílegos crímenes que, con ellos, bajo el pretexto de la libertad evangélica, un desenfreno sin límites marcha hacia el abismo de tal modo que apenas hay alguna ciudad, villa, casa o finca donde esta secta vuestra no haya dejado tristísimas huellas de pillaje, violación, derramamiento de sangre, sacrilegio, masacre, fuego, ruina y devastación. Y mientras tanto tú, Pomerano, ¿cómo puedes cantarnos de manera evangélica *esta es nuestra gloria*? No te dignas hacer una refutación, sino que proclamas que sois bienaventurados cuando los hombres os maldicen; eso sería cierto si se inventaran mentiras sobre vosotros, sería cierto si os maldijeran porque obráis el bien. Pero ahora, ¿qué puedes decir más fuera de lugar cuando realmente hacéis y enseñáis tanto mal que nadie podría inventar algo peor sobre vosotros? ¡Y qué espléndidamente te vanaglorias, como si fuerais bienaventurados, por supuesto, porque los hombres os maldicen por vuestra rectitud, cuando en realidad los hombres y Dios os maldicen con perfecta justicia por

---

[24] Recuérdese la referencia anterior (§ 6) a este texto, eco de *Matth.* 5,11 donde se formula la bienaventuranza de quienes son maldecidos por causa del nombre de Jesucristo.

[25] Nueva referencia a la Revuelta de los campesinos alemanes.

vuestras iniquidades, por vuestros crímenes, sediciones, matanzas, pillajes, herejías y cismas perniciosos![26].

13. Pero es evidente que esto te da ánimos porque no sucede en Wittenberg, pues parece que moderas tu discurso de manera excelente cuando en seguida añades: *No defendemos, sin embargo, si algunos en algún lugar, con el pretexto de la libertad cristiana, llevan a cabo algo no cristiano, puesto que no todos los que se apropian del nombre de Cristo se han revestido de Él.*[27].

14. ¡Qué prudentemente, qué cautamente moderas esto, Pomerano! «Si alguien…, si algo…, si en algún lugar…, si no cristiano…»: cuando sabes bien que, por lo general en todas partes, todos —los que pertenecen a vuestra secta—, y todas estas cosas no solo no son cristianas, sino que se pueden calificar como absolutamente diabólicas. Y si Wittenberg se abstiene de participar en esos delitos, ¿piensas acaso que eso es razón suficiente para que aumente la autoridad de vuestras creencias, por las que vemos que el resto de Alemania se agita, se pone en peligro, se destruye? Pero ¿quién puede creer que Wittenberg está libre de delitos, cuando ve que de esa fuente fluye toda esta inmundicia de lodazal fangoso que invade toda la tierra con una corrupción repugnante?

15. Evidentemente Wittenberg es inocente; es el sitio donde Lutero, capitán de los delitos, arquitecto y artífice

---

[26] Me ha parecido más oportuno dar forma exclamativa al texto que en la edición de Yale aparece con modalidad interrogativa. Este intercambio de modalidades, en un sentido o en otro, la he aplicado a lo largo de todo el texto. Como se sabe, la asignación de una u otra modalidad es una cuestión frecuentemente discutida, y en ocasiones de difícil resolución, en las labores de edición textual.

[27] Cf. *Gal.* 3,27 y *Matth.* 7,21.

del mal, general de un fiero ejército, ha establecido su campamento; lugar donde —de hora en hora— se delibera en unión con vosotros y vuestros legados no sobre otra cosa que sobre cómo incitar a la rebelión, socavar la fe, desarraigar la religión, profanar las cosas sagradas, corromper la costumbres, prostituir a las vírgenes, destruir la virtud: como cuando desde el pretorio se da la señal, se piden las contraseñas, se comunican las órdenes y se envían las tropas de refuerzo. Vosotros habéis arrojado una antorcha ardiente sobre toda Alemania. Vosotros habéis encendido una enorme llama que ahora incendia el orbe. Vosotros azuzáis también ahora el incendio criminal con vuestro aliento venenoso. Y todo esto es demasiado bien conocido como para ser ocultado, demasiado esparcido como para ser negado y demasiado destructivo como para que pueda ser tolerado. Así que, ¿cómo puedes escribir tan piadosamente, Pomerano, estas cosas?: *Ciertamente es esto lo que nos sorprende: por qué algunos temen recibir el Evangelio de Cristo porque se hayan dicho maldades sobre nosotros, ignorando que conviene que el hijo del hombre sea reprobado por el mundo*[28] *y que la predicación de la cruz se tenga por necedad*[29].

16. Deja de sorprenderte, Pomerano, y dejad de estar tan inmensa como falsamente encantados con vosotros mismos. Y no seáis tan dementes como para querer juzgar a toda Gran Bretaña por dos o tres apóstatas y desertores de la fe de Cristo. Conoces muy poco al pueblo (si lo conocieras pensarías de otro modo), conoces muy poco a los obispos (si entendieras qué clase de hombres son,

---

[28] Cf. *Luc.* 17,25 y *Marc.* 8,31.
[29] Cf. *I Cor.* 1,18 y 23.

abandonarías tu audaz esperanza); y por la erudición del rey habrías sabido al menos que no podías sustituir y corromper su autoridad en este glorioso reino, siendo como es no menos invencible que piadoso, y es completamente invencible. Pues él derrotó hace ya tiempo a tu maestro cuando este se estaba enfrentando a la doctrina sobre los sacramentos[30], con las iluminadoras Escrituras y con un razonamiento irrefutable: ¿de dónde, pues, te viene tanta confianza como para que esperes poder seducir a su pueblo? ¿Acaso de que sin imposición de las manos —algo que va contra la Sagrada Escritura, contra las enseñanzas de los santos, contra toda la costumbre secular de la Iglesia— te has atrevido a arrogarte el nombre de obispo de Wittenberg[31], y allí, como si tu doctrina fuera honesta y apropiada para su santa labor, presentando otras herejías, te atrevías a instruir a la gente de Wittenberg para ignorar las promesas hechas a Dios, y aunque eras sacerdote y habías hecho voto de castidad, te uniste lujuriosamente a

---

[30] Se refiere a la *Assertio septem sacramentorum aduersus M. Lutherum* que publicó Enrique VIII en 1521, escrita seguramente con la ayuda y el consejo de varias personas; Manley (1990: *ad loc.*) propone que Edward Lee podría haber sido uno de ellos, mientras que el papel de Moro en esta labor habría sido menor, punto que no puede ser absolutamente confirmado. La *Assertio* le valió a Enrique VIII el título de *Fidei defensor*, otorgado por el Papa León X el veinticuatro de noviembre de 1521; en 1530, el Pontífice Pablo III le retiraría dicho reconocimiento: Enrique había decidido romper sus relaciones con Roma y denominarse Jefe Supremo de la Iglesia de Inglaterra. Desde 1544, sin embargo, el Parlamento inglés le concedió de nuevo ese nombramiento que permanece hasta la actualidad para los monarcas ingleses.

[31] A menos que se trate de una ironía por parte de Moro —algo muy probable—, esta afirmación no sería correcta, puesto que, según apunta Manley (1990: *ad loc.*), no había entonces obispos protestantes y Bugenhagen era solo pastor de Wittenberg; no sería nombrado General hasta 1536 (cf. Rogers, 1947: *ad loc.*) e Introducción correspondiente a la carta.

116

compañía femenina[32], te atreviste a enseñar a los demás, a despreciar los votos hechos a Dios? ¿Y pensaste que eso te abriría la puerta y facilitaría el camino para asumir el papel de Pontífice de los ingleses y a serlo de manera grandiosa? Como si cada éxito del evangelio entre nosotros dependiera completamente de ti, como si por el hecho de ser bien recibido aquí, floreciera el Evangelio, mientras que al caer tú en desgracia, la doctrina evangélica al punto perdiera adeptos.

17. Realmente os equivocáis tremendamente. Pues ni se considera tan poco aquí al Evangelio ni a vosotros tanto como para recibir o rechazar el propio Evangelio por vuestra causa. Sin embargo, ni reprobamos al hijo del hombre ni se tiene por necedad la cruz de Cristo. Es más, la cruz, que es escándalo para los judíos y necedad para los gentiles, es gloriosa para nosotros los cristianos. Pero es en verdad ridículo oír a los luteranos hablar tan suntuosamente de la cruz, cuando Lutero, el Cristo de vuestra secta, hombre digno no solo de una cruz, profiere tan impías blasfemias por todas partes contra la propia cruz de Cristo, que su sagrado y venerable cuerpo llevó a plomo en su Pasión, ciertamente para nuestra redención. Y para que nadie piense que miento, que quien quiera lea su execrable sermón sobre la cruz; ese perverso sermón está a la venta casi por todas partes[33], junto con otros

---

[32] Bugenhagen, sacerdote desde 1509, se casó con Eva Rörer en 1522; en 1525 escribió el tratado *De coniugio episcoporum et diaconorum* defendiendo estos matrimonios. La cuestión de la no observancia del celibato sacerdotal y del estado religioso había sido tratada ya por Lutero y otros desde 1520.

[33] La venta de estos libros, entonces prohibida en Inglaterra, parece que estaba extendida por otras partes de Europa.

libritos mucho más perversos del mismo autor y de otros de los vuestros, y dejan casi por todas partes un olor repugnante y una pestilencia diabólica. Sin embargo, tú, como si todos vuestros libros se deslizasen desde el cielo exhalando un olor a puro néctar, a pura ambrosía, no te avergüenzas de escribir así: *¿Y qué si fuese verdad lo que mienten sobre nosotros en nombre de Cristo? ¿Se entiende que por eso no aceptarían el evangelio de salvación ofrecido por Dios? ¿Qué sería más necio que preocuparse más por mi maldad que por vuestra propia salvación? ¿Acaso no serías cristiano porque yo soy un pecador?*

18. ¡Vaya!, ¡qué bien y con cuánta inteligencia hablas! Como si fuera mentira que, aunque eras sacerdote y habías prometido a Dios una castidad célibe, ahora te has casado; o que aunque querías ser considerado obispo[34], eras un fornicador público y perpetuo. O como si fuera mentira afirmar lo mismo de vuestro Lambert[35] que era franciscano, o también de muchos otros luteranos. O como si fuera mentira, finalmente, que el propio Lutero, que era monje agustino, se unió cometiendo estupro —no en matrimonio— con una monja consagrada durante muchos años y hurtada a Dios[36]. O como si fuera mentira afirmar que todos vosotros introducís herejías impías y monstruosas, o proclamar que vuestra secta promueve muchas acciones deshonrosas por todas

---

[34] Cf. nota correspondiente de § 16 de esta carta.

[35] Cf. nota correspondiente de § 6 de esta carta.

[36] El trece de junio de 1535, Lutero se casó con una monja cisterciense, Katherine von Bora, que —según el testimonio de Erasmo— abandonó el convento de Nimptschen con otras ocho religiosas el cuatro de abril de 1523; estas habían sido convencidas de no seguir en su celibato influidas por las obras de Lutero (cf. Rogers, 1947: *ad loc.*).

118

partes. Ojalá que vuestra miserable devastación en tantos lugares, la lamentable destrucción de tantos miles de personas seducidas por vuestra doctrina no probase cuán ciertas son estas cosas.

19. Sin embargo todos estos delitos vuestros no deben ser un obstáculo para que recibamos de vosotros el Evangelio de la salvación: ¡como si Dios nos ofreciera por primera vez el Evangelio de la salvación por medio de vosotros! ¿Es que el Evangelio de Cristo que escribieron los evangelistas, el que predicaron los apóstoles, el que interpretaron los santísimos Padres de la Iglesia no era el Evangelio de la salvación? ¿No se salvó nadie desde la Pasión de Cristo hasta ahora, momento en que os ha elegido Dios como medio para salvar al mundo y predicar el Evangelio de la salvación a los desgraciados mortales, corrompidos y engañados hasta ahora por los apóstoles y los evangelistas? Ciertamente, Pomerano, mientes cuando dices que mentimos sobre ti y que las cosas que decimos no son verdad (porque realmente son ciertísimas). No debe considerarse absurdo si, al mirar vuestra impiedad, no nos fiamos del todo de vosotros, ni os creemos suficientemente idóneos para llevar la salvación a otros, cuando vosotros mismos sufrís tan horribles úlceras. Pues si desde hace tantos siglos los cristianos no hubieran tenido el verdadero Evangelio de Cristo y la Iglesia entera se hubiera equivocado en su fe durante tanto tiempo, es seguro que Dios habría elegido hombres buenos y piadosos con los que llevar a cabo esta labor de hacer volver a los hombres desde la carne hacia una renovación del espíritu[37]; además, en algo tan importante, es seguro que

---

[37] Cf. *Rom.* 7,5-6.

habría hecho milagros que hicieran tener fe en lo que se predicaba. Y no se habría comportado con tanta negligencia como para elegir a quienes —y solo a ellos— hacía tiempo le prohibió predicar la fe (cuando Dios dijo al pecador a través del Profeta: «¿Cómo te atreves a pregonar mis mandamientos y a mencionar mi alianza con tu boca?»[38]). Y puesto que Dios quería que todos les creyeran, ¿no iba a hacer absolutamente nada por que la gente les creyera o pudiera creerles?

20. Así, lo que Lutero considera un milagro, esto es, que en un espacio de tiempo tan corto muchos cristianos se han separado de la fe de Cristo y se han unido a sus herejías[39], ciertamente el despropósito y el desatino de sus herejías hace que parezcan monstruosidades de tal calibre que nadie que tenga una chispa de inteligencia humana podría admitir jamás nada de esa delirante creencia. Por lo demás, y en lo que se refiere al pueblo que corre precipitándose a la libertad de la vida licenciosa que se ofrece, eso es como un milagro de tal magnitud como el de las rocas que caen montaña abajo[40].

21. Ahora, en cuanto a lo que preguntas, Pomerano, de por qué la gente no sigue el mandato de Pablo —«examinadlo todo y quedaos con lo bueno»[41]—, esa frase de Pablo trastoca todo lo vuestro; pues cuando probamos todo, descubrimos que lo vuestro es lo peor y nos aferramos a lo bueno, y es lo que leemos que han enseñado

---

[38] Cf. *psalm.* 49,16; en la versión de la *Neovulgata*, 50,16.

[39] Es algo que señala Lutero en una carta enviada a León X y que constituía el prefacio a sus *Resolutiones disputationum de indulgentiarum uirtute.*

[40] Afirmación proverbial.

[41] Cf. *I Thess.* 5,21.

aquellos cuya vida y fe prueba que han agradado a Dios. Rechazamos vuestros escritos porque son contrarios a los hechos y la doctrina de los santos Padres, y, lo que es aún más importante, opuestos a la fe del pueblo de todos los tiempos, de toda la Iglesia. Si Dios no guía la fe de su Iglesia, la autoridad del Evangelio vacila y no habría realmente verdad en las palabras con las que la Verdad promete que estará con ella hasta el fin de los tiempos[42].

22. Pero merece la pena ahora considerar un poco con qué cuidado y qué tímidamente aludes a la llaga de vuestra enseñanza: *Pero dicen los menos ilustrados* —comentas—: *¿quién puede comprender todos esos variados argumentos? Pues se discute sobre el libre arbitrio, los votos de las órdenes religiosas, las obras de satisfacción, el abuso de la sagrada Eucaristía, la veneración de los santos, el destino de los difuntos, el purgatorio. Otros dicen: tememos que bajo estos desacuerdos se esconda veneno.*

23. No entiendes bien el asunto, Pomerano, pues nadie teme que bajo estos desacuerdos se esconda veneno. Por el contrario, vemos y sabemos que esa ponzoña está muy real y clara en todos los asuntos que no discutís racionalmente con sobriedad, sino en los que pontificáis impía y arrogantemente. Pues al mofaros siempre de la teología escolástica con el pretexto de que la verdad se lleva peligrosamente a la duda, afirmáis que la falsedad es absolutamente verdadera, incluso en contra de la verdad, y lo que se propone en beneficio del argumento, eso es lo único que se acepta como verdad.

24. Surgen cuestiones en las escuelas: si hay alguna libertad de decisión o todo ocurre por azar o es gobernado

---

[42] Cf. *Matth.* 28,20.

por un designio; si la inmutable voluntad de la majestad divina ha previsto todo desde la eternidad de tal manera que no permite en absoluto que algo pueda seguir una u otra alternativa en todo el orden natural; si la libertad de decisión del hombre se opone a la providencia de Dios; si el pecado de Adán destruyó la libertad de nuestra voluntad o lo hizo la gracia de Cristo. Cuando estas cuestiones y otras del estilo se proponen en las escuelas, si se discuten con calma y un propósito piadoso, ciertamente el debate da un fruto no pequeño, pues se viene conjuntamente a la discusión sin ninguna duda sobre su resultado final. Los teólogos llevan en su cabeza las conclusiones firmes y sólidas de todas estas cosas: conclusiones, se entiende, que están impresas en los corazones de todos los creyentes por las enseñanzas de la fe cristiana, y muchas de ellas también por algunos enunciados de sentido común. Pues cualquiera que tiene alguna chispa de inteligencia humana ¿no está convencido de que Dios, que hace todas las cosas, prevé todas las cosas, y, al mismo tiempo, sabe por experiencia que actúa por su propia voluntad libre y no por una obligación externa? Ahora, cuando se presentan razonamientos o las Escrituras contra esa postura que los teólogos tienen por cierta e infalible, ellos ejercitan su inteligencia con provecho y, con el auxilio de Dios, que proporciona ayuda a los esfuerzos piadosos, resuelven muchas cosas con perspicacia: por ello dan gracias a Dios, y no solo encuentran un placer intelectual muy agradable y honesto —añado, además, muy santo— sino que también ofrecen a los demás los saludables frutos de sus enseñanzas, dignos de ser conocidos. Así, ellos arrojan luz sobre pasajes de la Escritura comparando aquellos que parecen contrarios a la verdad con otros más fáciles de entender. Y si alguno piensa que un texto concreto de la Sagrada Escritura es demasiado arduo y difícil como para que nadie —ni de tiempos antiguos ni del actual— pueda interpretarlo satisfactoriamente y no parezca contradictorio a algún artículo de la fe católica, entonces, de inmediato recuerda el consejo del santísimo Padre Agustín de que o un error en el texto lo hace inaccesible o que él no ha seguido suficientemente bien el sentido del pasaje. Pues ningún pasaje de la Sagrada Escritura debe intranquilizarme, de tal modo que si parece contradecir lo que la Iglesia Católica de Cristo ha abrazado como artículo seguro e indudable de la fe, no permitiría que eso me separase y me condujese lejos de las enseñanzas genuinas[43] y auténticas de la fe cristiana. Pues estoy convencido de que esas enseñanzas fueron escritas en los corazones de los fieles por el mismo Espíritu que asistió a quienes escribieron los Evangelios. Y así, todo lo que escribieron es coherente con la fe de la Iglesia, si permanece como estaba escrito y puede entenderse en el mismo sentido en que fue escrito. Y si se encontrase un error o el texto fuera algo oscuro de por sí, no hay razón para creer con menos firmeza en lo que Cristo enseñó a su Iglesia, a la que por medio del Espíritu Santo enseñó toda la verdad y prometió que estaría con Ella hasta el final de los tiempos. Sin duda Cristo cuidará de que la fe de la Iglesia no pueda vacilar, algo que obtuvo del Padre con sus peticiones[44]; de que no haya errores en los textos, que corrige día tras

---

[43] Traduce el término tardío *gnisiis* —de *gnesius*—: cf. Hoven (1994, s.v.): "Véritable"; la palabra procede del griego γήσιος ("legítimo, genuino, auténtico, propio").

[44] Cf. *Ioh* 16,13 y *Matth.* 28,20.

día a través de la santa labor de hombres celosos; de que no haya ambigüedades en el sentido literal, puesto que las explica, cuando le parece conveniente, a través de la pluma de hombres con conocimientos; de que no vacile por las persecuciones de los tiranos, las cuales ha contenido a través de las victorias de los mártires; ni tampoco por los intentos de los herejes, cuyas bocas ha tapado con los libros de los Padres ortodoxos; ni, finalmente, por las maquinaciones del diablo, a quien él mismo derrotó con la cruz.

25. Y si, en el desarrollo de una discusión, algo de la razón humana parece que se opone a la verdad, no por ello se pierde la devoción, puesto que es absolutamente cierto que las cosas que pertenecen a la fe, al estar sostenidas por la divina revelación, sobrepasan con mucho toda la razón de los mortales. De esa manera, mientras menos capaces somos de entender la naturaleza y las causas de las cosas, más placer experimentamos al contemplarlas. Y así, cuanto más somos conducidos a la suavísima admiración de la divina majestad, tanto más parecen algunas cosas no estar de acuerdo entre sí y entrar en conflicto unas con otras; al mismo tiempo, sin embargo, no hay lugar a dudas de que ellas adquieren su lugar y están en armonía. De modo que estas cosas, Pomerano, pueden discutirse en las escuelas sin perjuicio y con fruto. Entretanto, vosotros, mientras atacáis las discusiones escolásticas como algo que se opone a la verdad y que profana el misterio, ordenáis a todo el mundo que crea sin ninguna discusión seria vuestras absurdísimas conclusiones y vuestras herejías insensatas contra todos los hombres y contra Dios mismo. Y cualquier frivolidad que afirme Lutero, eso pedís que se tenga por irrefutable y, como dicen los

griegos, inamovible[45]. A los que os preguntan por qué creéis los dogmas de ese hombre loco e impío, se tienen que contentar con la respuesta «él lo ha dicho»[46]; y con razón, ya que el propio Lutero proclama que él ha conseguido sus dogmas del cielo. Y aunque no tienes nada que ofrecer contra el juicio de toda la Iglesia de todos los tiempos excepto las propias invenciones fatuas de Lutero, sin embargo, Pomerano, para que parezca que has llegado a tus conclusiones cuidadosamente, pretendes que las has confirmado todas con los indiscutibles argumentos de las Sagradas Escrituras. *Como si tratáramos —dices— con las persuasivas palabras de la sabiduría humana y no con las elocuentísimas Escrituras[47], contra las que ni siquiera las puertas del infierno han podido prevalecer hasta ahora[48]. O como si nuestros adversarios nos presentaran algo en contra excepto decretos y tradiciones humanas que condena el Señor en Isaías 20[49] y Cristo en Mateo 15[50]*. ¿Qué veneno, pues, vas a temer aquí ya que no hacemos nada a escondidas, *sino que todo lo nuestro lo ponemos ante el mundo entero para que lo juzgue?*

26. Has hablado de maravilla, Pomerano: como si no hubiera tradiciones de Dios, sobre las que la Iglesia se apoya en los sacramentos y en los artículos de la fe; y

---

[45] En el texto aparece en griego: ἀκίνητον, forma neutra del adjetivo ἀκίνητος.

[46] De nuevo aparece en griego en el texto original esta expresión proverbial: αὐτὸς ἔφα.

[47] Cf. *I Cor.* 2,4.

[48] Cf. promesa de Cristo en *Matth.* 16,18.

[49] Error tipográfico; en realidad, el texto de Bugenhagen contiene, correctamente, *Is.* 29,14.

[50] Cf. *Matth.* 15, 8-9.

como si el más ilustre rey de Inglaterra y otros hombres doctos también no te hubieran probado eso de manera clarísima por medio de la razón, las Escrituras y la opinión universal de los Padres ortodoxos, a lo que ninguno de vosotros ha replicado ni una palabra. O como si vosotros probarais todo por medio de las Escrituras y no más bien por medio de vuestras glosas fantasiosas, retorciendo la autoridad de la Sagrada Escritura y dirigiéndola hacia vuestros propios dogmas sacrílegos, contra la opinión de todos los antiguos, muy doctos y santos. O como si todos los herejes no hubieran hecho siempre lo que hacéis vosotros ahora: ciertamente administraban su veneno a todo el orbe y hacían circular abiertamente la copa ungida con la miel de las Escrituras, las mismas que con igual audacia que vosotros ahora, proclamaban que eran clarísimas. Pues, ¿qué otra cosa proclamaban hace tiempo los arrianos[51] que lo que ahora proclamáis los luteranos: que las Escrituras eran patentes en su favor mientras que sus adversarios se sustentaban solo en preceptos humanos que el Señor condenaba? ¿Qué otra cosa proclamaban también todos los demás herejes, y especialmente los propios pelagianos[52]? Vosotros los luteranos huis tan estúpidamente de su Escila[53] que vuestro error os lleva

---

[51] El arrianismo sostenía —entre otras afirmaciones— que Cristo no era consustancial a Dios Padre, que sería el único increado; fue declarado herético en el Concilio de Nicea (año 325) y en el de Constantinopla (año 381).

[52] El pelagianismo entendía que la voluntad humana se bastaba para seguir los preceptos divinos; Cristo no es admitido como mediador y se niega la existencia del pecado original. Fue condenado de forma definitiva en el año 418 en el Concilio de Cartago.

[53] Escila y Caribdis son dos monstruos marinos que aparecen en la *Odisea* homérica devorando el primero a seis de los compañeros de Ulises

derechamente a Caribdis. Y así, no queréis comprender que existen tradiciones de Dios, no de los hombres, en las que la Iglesia se sustenta en materias de fe: por tanto, no sé si yo mismo entiendo bien lo que escribes, es decir, que vosotros procedéis según las clarísimas Escrituras, contra las que ni siquiera las puertas del infierno han podido prevalecer hasta ahora. Pues que no procedéis según las persuasivas palabras de la sabiduría humana, eso es algo que comprendo muy bien y que confieso que es absolutamente cierto. Pero dudo de en qué sentido quieres que se tome lo demás. ¿Hay que entender que las puertas del infierno no han podido prevalecer contra las propias Escrituras o contra vuestras tesis, que, adornadas y vestidas por vosotros con las Escrituras, queréis que se consideren el Evangelio de salvación que ahora por primera vez ofrecéis vosotros desde el cielo, alegrándoos de que son bien recibidas por algunos también en Gran Bretaña?

27. En realidad no importa demasiado en qué sentido se tome, ya que ciertamente te mueves lo mismo en un sentido que en otro. Pues si vuestros dogmas son verdaderos y están confirmados por textos claros en las Escrituras —algo que la Iglesia de Cristo nunca ha creído ya que han sido siempre rechazados, condenados y destruidos por el fuego—, entonces tienes que admitir que las puertas del infierno han prevalecido constantemente hasta hoy contra las Escrituras de Dios. Pero si, por el

cuando su expedición bordeaba la gruta que le servía de guarida, en el estrecho de Mesina; también allí Caribdis atacó la expedición de Ulises quien, sirviéndose de su proverbial audacia, se libró de él. La expresión estar "entre Escila y Caribdis" se ha acuñado como sinónima de estar entre dos peligros de modo que si te alejas de uno —la gruta de Escila— te aproximas al otro —los remolinos marinos de Caribdis—.

contrario, lo que dices es verdad —que las puertas del infierno nunca han prevalecido contra las Escrituras de Dios—, entonces admites que la fe de la Iglesia ha estado siempre de acuerdo con las Escrituras de Dios.

28. Por consiguiente, puesto que esa fe ha sido siempre contraria a vuestros dogmas, ¿no ves, Pomerano, que de ello se sigue que esos brillantes dogmas vuestros son contrarios a las Escrituras? Además, si sostienes que la Iglesia siempre ha pensado y creído lo mismo que vosotros creéis ahora (o más bien lo que predicáis ahora; por amor de Dios: no puedo imaginar que creéis lo que predicáis), dime, por favor, ¿qué Iglesia fue esa? Dime, ¿cuándo ha existido antes de vosotros? ¿En qué parte de la tierra se encontraba? Dímelo y te tendré por el gran Apolo. Así, aunque algunas de vuestras herejías tenían diversos promotores en diferentes momentos y lugares, sin embargo, jamás un solo pueblo ni tampoco un solo hombre fue tan impío o tan estúpido como para creer tantas herejías y tan absurdas como lo haces tú; nadie, hasta Lutero.

29. Y si sostienes que siempre hubo algunos —aunque tan pocos que los escondió la tierra, tan dispersos que nunca se encontraron, tan iletrados que no escribieron nada, tan mudos que nada dijeron—, algunos que, a pesar de su dispersión, fueron siempre la verdadera Iglesia, entonces has de admitir que los Padres, a quien la Iglesia de Cristo venera entre los santos, escribieron siempre contra esa iglesia vuestra.

30. ¿Confías, pues, Pomerano, en que todos los cristianos son tan imbéciles como para que puedas convencerles? Puesto que Dios se preocupó en la Sinagoga de los judíos de que algunos hombres muy santos fuesen estimados tras su muerte para no dejar ninguna duda a

su pueblo de a quiénes se les proponía como ejemplos a seguir, ¿crees que ahora, en la Iglesia de su hijo, Dios permitiría que todo su pueblo santo y creyente cayera en deshonra mientras él se preocupaba de que esos que eran venerados como santos fueran hombres herejes e impíos, que habían seducido a todo el mundo con sus escritos y que los habían alejado del verdadero significado del evangelio con una predicación falsa? ¿Crees que Él adornó a algunos de esos hombres con el martirio, los distinguió con una vida recta, y los hizo brillantes con sus milagros, demostrado su piedad al mundo por medio de prodigios de salvación de modo que nadie pudiera dudar de que su fe agradaba a Dios? Dime, ¿hizo Dios todo esto para, con sus propias obras, engañar a su Iglesia? Por tanto, Pomerano, es necesario —lo quieras o no— que admitas que esa es la Iglesia y que tiene dentro de ella y como sus doctores a los santos Padres que veneramos. Si sostienes que todos ellos estaban equivocados en materia de fe, entonces tienes que admitir lo que negaste antes: que las puertas del infierno han prevalecido más de mil años contra las Escrituras. Pero si consideras que tienes que mantenerte firme en lo que dijiste antes —que las puertas del infierno nunca han podido prevalecer contra el evangelio—, entonces tienes que admitir que los santos Padres tenían razón en materia de fe. Una vez que has garantizado esto, como no eres capaz de negar que los Padres de la Iglesia han sido ya condenados, por lo que enseñáis, por más que tergiverses las cosas, tienes que admitir que lo que con tanta obstinación nos impones como evangelio es completamente falso.

31. Pero merece la pena conocer con qué elegancia aireas el variado y confuso lodazal de vuestra doctrina y vuestros dogmas y lo apilas en un espacio pequeño. Pues

dices: *Y para que no implore como excusa la variedad de la doctrina, digo brevemente que enseñamos solo un artículo sin que importe que prediquemos muchas cosas cada día, que escribamos muchas cosas contra nuestros adversarios para que también ellos se salven. El artículo es este: Cristo es nuestra justificación*[54]. *Pues por Dios se ha hecho para nosotros sabiduría, justicia, satisfacción, redención*[55]. *Quien no nos conceda esto, no es cristiano; quien lo confiese con nosotros, al punto desaparece de él toda justicia humana.*

32. ¡Qué resumen! ¿No escribís nada, pues, no enseñáis nada excepto que Cristo es nuestra justificación? ¿Esta única proposición tan sagrada incluye todos vuestros dogmas, tan variados, tan incoherentes entre sí, tan absurdos, tan impíos? Así, si alguien os concede esto, que Cristo es nuestra justificación, ¿tiene que conceder también que en la Eucaristía el pan queda como pan?, ¿que la Misa no aprovecha a nadie?, ¿que toda la Iglesia ha realizado ese sacrificio de manera incorrecta hasta hoy, que hasta hoy se ha usado un impío y sacrílego canon y que el sacramento del orden es una representación vacía? Y una correcta consecuencia, si Cristo es nuestra justificación, será esta: una mujer es apta para oír pecados en confesión sacramental, y una mujer puede consagrar el cuerpo de Cristo. Y también esta otra: si Cristo es nuestra justificación, ¿no hay purgatorio?, ¿y no hay libre arbitrio?, ¿y ninguna ley humana obliga a un cristiano? Y si Cristo es nuestra justificación, entonces ¿basta la fe sola para nuestra salvación y no son necesarias las buenas obras?, ¿y nada puede condenar al cristiano excepto la

---

[54] Cf. *Rom.* 10,3-4.
[55] Cf. *I Cor.* 1,30.

sola falta de fe? Y si Cristo es nuestra justificación, entonces ¿debe un monje tomar esposa? ¿Todos estos dogmas y muchos otros como ellos no menos absurdos han de seguirse de ese que afirma que Cristo es nuestra justificación?[56]. ¿Por qué no? Pues si Dios ha hecho a Cristo nuestra justificación, ¿qué necesidad tenéis de buscar y seguir la justicia? Si Cristo se ha hecho vuestra sabiduría, ¿qué necesidad tenéis de ser prudentes como serpientes[57]? Si se ha hecho vuestra satisfacción, ¿qué necesidad tenéis de, así como entregáis vuestros miembros al servicio de la impureza y la iniquidad, de ese mismo modo entregar vuestros miembros al servicio de la justicia para alcanzar la santidad[58]? Si Cristo se ha hecho vuestra redención, ¿qué necesidad tiene el hombre de que sus riquezas rescaten su alma[59]? Después de mencionar este artículo de fe, lo has explicado tan bien, que, inmediatamente, como si el asunto estuviese brillantemente probado ante los jueces que convenía, añades: *Pues quien admita esto con nosotros, al punto desaparece de él toda la justicia humana. Nada habrá aquí de la herejía pelagiana con la que —aunque cambiando las palabras— se han corrompido los que se glorían de ser los únicos cristianos. Nada valdrán todas las sectas que existen hoy ni la confianza en las obras, la cual, rechazado el escándalo de la cruz de Cristo, nuestros justificadores*[60]

---

⁵⁶ Moro va enumerando diversas afirmaciones heréticas que Lutero ha ido presentando en distintas obras.

⁵⁷ Cf. *Matth.* 10,16.

⁵⁸ Cf. *Rom.* 6,19.

⁵⁹ Cf. *prov.* 13,8: "La riqueza es una garantía para la vida de un hombre, pero el pobre no escucha amenazas".

⁶⁰ Aquellos que tratan de llegar a la salvación por las buenas obras y no solo por la fe en Cristo.

han arrojado sobre nosotros, mientras han tratado de vender obras en lugar de Cristo. Contra ellos y contra todo el reino de Satanás presentamos este poderosísimo argumento de la mano de Pablo: si nos justificamos por nuestras obras y nuestra libre voluntad, entonces Cristo ha muerto en vano[61]. Que esta justificación es Cristo está atestiguado por la ley y los profetas (Romanos 3[62]). Pero quienes siguen su propia justicia, como los judíos, no llegan a la verdadera justificación (Romanos 9[63]). No pueden ser acogidos por la justificación de Dios (Romanos 10[64]). Esta justificación divina es tuya cuando recibes a Cristo por la fe. Pues Él no murió por sí mismo ni por sus pecados sino por ti y por tus pecados[65]. Así, cualquier otra cosa que hayas intentado para llegar a la justificación —esto es, llegar a ser justificado y libre del juicio de Dios, del pecado, de la muerte y del infierno— será hipocresía, mentira e impiedad, por mucho que brille con apariencia de piedad, pues eso luchará contra la gracia de Dios y será una negación de Cristo.

33. No dudo, Pomerano, de que te parece que has hablado muy brillantemente. A la vez, sin embargo, no te das cuenta de que toda esa hermosa discusión está basada en dos mentiras falsísimas, con las que difamas a la Iglesia de manera vergonzosa, para que esta predicación vuestra parezca verdadero evangelio. Pues, en primer lugar, es del todo falso que supongas que estamos corrompidos por la herejía pelagiana, aunque con palabras diferentes.

---

[61] Cf. *Gal.* 2,21.
[62] Cf. *Rom.* 3,21.
[63] Cf. *Rom.* 9,31.
[64] Cf. *Rom.* 10,3.
[65] Cf. *I Cor.* 15,3 y *I Petr.* 3,18.

34. En segundo lugar, mientes al decir que nosotros, rechazado el escándalo de la cruz de Cristo, hemos introducido confianza en las obras y en las sectas, y que hemos tratado de vender obras en lugar de Cristo, llamándonos entretanto, para divertirte, unas veces justificadores, y otras veces diciendo que somos los únicos que se jactan de ser cristianos. Y ciertamente, aunque nada se aparta más de la doctrina de la Iglesia que el que cualquiera se atribuya algo a sí mismo, sin embargo, a los cristianos católicos se les permite en el nombre común de toda la Iglesia gloriarse con cierto santo orgullo de que ellos son los únicos justos y de que ellos son los únicos cristianos. Pues, entre los hombres, no hay santidad, ni tampoco cristianos, fuera de la Iglesia.

35. Mas vuelvo a la cuestión: la Iglesia no está de acuerdo con Pelagio cuando dice que la fuerza y el poder de la naturaleza junto con cierto influjo general de la gracia bastan para obrar bien, sino que confiesa que es necesaria cierta gracia particular para cada acto. De igual modo, la Iglesia está aún en mayor desacuerdo con vosotros cuando astutamente tratáis de exaltar la gracia de Dios con el propósito de destruir completamente el arbitrio de la libertad humana, mientras que no decís nada sobre la libertad de la voluntad excepto que «existe solo de nombre» —para usar vuestras mismas palabras—, que no consigue nada, sino que es simplemente pasiva, y que es formada por Dios de la misma forma que la cera por la mano del artista. En esto los pelagianos se equivocaron completamente, pero mucho más perniciosamente os equivocáis los luteranos. Pues aquellos, al atribuir demasiado a la naturaleza, daban por ello honra a Dios, a quien reconocían como creador de la naturaleza.

Además, al admitir que era muy difícil para la naturaleza actuar sola y que esta lo hacía con más facilidad apoyada por la gracia, mantenían también la necesidad de implorar gracia. Pero vosotros, por el contrario, no dejáis nada por lo que debamos dar gracias a Dios por el regalo de nuestra naturaleza; si tenemos que creeros, poseemos esa naturaleza de tal manera que, incluso después de la gracia del bautismo, sería mejor carecer de ella, puesto que, aunque continuamente resbala y cae, no es capaz ni de levantarse a sí misma para ponerse en pie ante Dios que ofrece su gracia, ni de intentar hacer un esfuerzo. Así, al predicar que nuestra voluntad es meramente pasiva y no hace absolutamente nada por sí misma, ¿no destruís todo esfuerzo humano y todo su intento de conseguir la virtud? ¿No estáis claramente atribuyendo todo al destino? De acuerdo con vuestra secta, la voluntad no solo es mala en sí misma, sino que incluso es incapaz de tender al bien. Es simplemente por la mera voluntad de Dios por la que uno es moldeado hacia el bien y a otro se le deja al mal sin otro mérito que el de la naturaleza, que cada uno recibe sin culpa suya. Y uno que es elegido para ser bueno está modelado y formado de tal modo por la gracia que no hace nada por sí mismo, ni siquiera coopera, sino que, así como un árbol da hojas y fruto, de esa misma manera cuando Dios actúa en los elegidos, y la naturaleza —que es también creación suya— actúa en los reprobados, el elegido hace nacer el bien y el reprobado el mal. Ahora cualquiera puede ver lo que sigue de acuerdo con tu línea de razonamiento: que la voluntad no es libre albedrío; pero sin libertad de elección, un hombre no es diferente de un árbol. Un mal no puede imputarse a un hombre, sino que más bien es Dios la causa de todos los actos,

134

tanto malos como buenos, y la naturaleza clementísima de Dios parece que castiga los mismos pecados que ella ha cometido. Este concepto de Dios es tan impío y sacrílego que seré maldito si no prefiero ser pelagiano diez veces antes que creer por un momento lo que Lutero enseña. Mas la Iglesia que tú condenas evita los errores de ambas herejías condenándolos uno detrás de otro. La Iglesia no cree que sin gracia la voluntad del hombre pueda realizar actos buenos, pero cree que la gracia se ofrece a todos como lo hace la luz del sol; los hombres malvados la rechazan cuando se les ofrece y los buenos la abrazan, pero tanto unos como otros según el arbitrio de su voluntad. Así, quien se salva, se salva por la gracia, pero el arbitrio de la voluntad no es inoperativo. No veo nada si no es por la luz, y sin embargo, coopero al abrir mis ojos y mirar. Si alguien lanza una cuerda a un pozo y saca a un hombre que no podía salir por sí mismo, ¿no sería cierto que el hombre que estaba en el pozo no salió por su propio poder? Y sin embargo él ha puesto algo de su parte al cogerse de la cuerda y no dejarla ir. La libertad de la voluntad es parecida a eso. No puede hacer nada sin la gracia, pero cuando la divina bondad la concede gratuitamente, la voluntad libre de un hombre bueno se refuerza y coopera con ella apropiadamente; la voluntad libre de un hombre perverso no la acepta y se debilita en la maldad. Esto es, Pomerano, lo que creemos, y no la mentira que cuentas de nosotros: que creemos a Pelagio y no a vosotros, que sois peor que Pelagio. Mas nosotros preservamos el honor debido a la gracia divina y nos apartamos del asidero que brindas a los hombres viciosos, que vosotros les ponéis por delante, y con el que echan la culpa de la terca malicia de su propia voluntad a la inevitable necesidad de la voluntad divina.

36. Dediquemos ya un poco de tiempo a las obras, sobre las que tú mismo te equivocas tanto y con tanta maldad calumnias falsamente a la Iglesia: mientes al decir que ella enseña que, rechazado el escándalo de la cruz de Cristo, hay que poner la confianza en las sectas y las obras, y que trata de vender obras en lugar de Cristo. En primer lugar, por lo que se refiere a las órdenes religiosas —a las que vosotros llamáis sectas y cismas—, no pienso que sea una infamia si a las órdenes de Cristo como su único general, diferentes hombres sirven bajo diferentes superiores, como si fueran sus tribunos. Y mientras que todos ellos llevan una vida recta de acuerdo con las reglas y los preceptos del evangelio, las diferentes órdenes religiosas, sin embargo, emplean su tiempo de distinto modo; cada una de ellas es rica a su manera en diferentes virtudes, especialmente cuando es patente que esas reglas de vida que vosotros condenáis fueron descubiertas y legadas por hombres santos. No solo han salido de las órdenes religiosas muchos hombres de santidad extraordinaria, sino que también, aunque algunos monjes no siempre han estado a la altura de su orden o algunas órdenes han degenerado en su comportamiento según las costumbres del mundo que les rodeaba, sin embargo, la parte más pura del pueblo cristiano se ha encontrado siempre en las órdenes religiosas. Sus miembros están lejos de seguir a otra persona distinta de Cristo, de modo que son ellos sobre todo los que venden lo que tienen y lo dan a los pobres, y toman su cruz y siguen a Cristo[66], mientras dedican toda su vida a vigilias, ayunos y oraciones; y

---

[66] Cf. *Marc.* 10,21 y *Matth.* 16,24.

siguiendo al Cordero en castidad[67], crucifican su carne con sus vicios y concupiscencias[68].

37. Si este tipo de vida es —como vosotros queréis que parezca— contrario al evangelio, es preciso que la vida de acuerdo con el evangelio sea contraria a aquél; es decir, una vida tal en la que uno cuide de sí mismo sin dureza, coma bien, beba bien, duerma bien, satisfaga su lujuria y se disipe con el placer. Si ese es un tipo de vida evangélico, realmente no podemos negar que los vuestros viven una vida muy evangélica, exceptuando que ellos añaden a esas virtudes tan espléndidas una violencia tiránica y una ferocidad peor que la de una fiera, con la que se enfurecen contra los cristianos y los frailes dedicados a Dios con una rabia casi mayor que la que mostraron nunca los tiranos paganos[69].

38. Pero refirámonos ya, como dije, a las obras, que tú supones que tratamos de vender en lugar Cristo: y no te da vergüenza escribir eso, aun cuando sabes que creemos y enseñamos que nuestras obras no llegan a ser buenas sin la misericordia de Dios y no merecen nada sin la fe de Cristo; y ni siquiera entonces son aptas para el cielo por sí mismas (pues los sufrimientos del tiempo presente no son nada comparados con la gloria que se revelará en nosotros[70]), sino que ha parecido bien a la inmensa bondad del Creador poner en un valor tan alto nuestras buenas obras, que son de tan poco valor en sí mismas;

---

[67] Cf. *apoc.* 14,1-5.

[68] Cf. *Gal.* 5,24.

[69] Probablemente Moro está pensando no solo en la Revuelta de los campesinos sino también en la supresión de diversas casas de religiosos en algunos territorios protestantes.

[70] Cf. *Rom.* 8,18.

y contrata Él nuestra labor por un alto salario. Incluso cuando hemos hecho todo, somos aún siervos inútiles y no hemos hecho nada más que lo que teníamos obligación de hacer[71].

39. De otro modo, si nuestras obras no tienen absolutamente ningún valor —aun cuando se hayan hecho con fe, aun cuando estén penetradas de caridad, aun cuando haya ayudado la gracia (pues sabes que creemos que, si no, no valen nada)—, si aun así no valen nada, ¿por qué el propietario contrata las obras de hombres ociosos en su viña por un denario? Si las obras no ayudan nada a los hombres para liberarse de la ira, del juicio, de los pecados, de la muerte y del infierno, ¿con qué propósito dijo el Bautista eso de «raza de víboras, ¿quién os enseñó a escapar de la ira de Dios que se acerca? Producid frutos de una sincera conversión»[72]. ¿Con qué propósito dijo el hombre sabio «como el agua extingue el fuego, así la limosna extinguirá el pecado»[73]? ¿Con qué propósito dijo el apóstol aquello de «si nos examináramos a nosotros mismos, no seríamos condenados»[74]? ¿Y con qué propósito de nuevo eso de «si antes entregasteis vuestros miembros, haciéndolos esclavos de la impureza y del desorden hasta llegar a sus excesos, ponedlos ahora al servicio de la justicia para alcanzar la santidad»[75]? ¿Con qué propósito dijo Cristo «obra así y alcanzarás la vida»[76]? ¿Con qué propósito, por último, aquello de que en el juicio final

---

[71] Cf. *Luc.* 17,7-10.
[72] Cf. *Luc.* 3,7-8.
[73] Cf. *Eccles.* 3,30.
[74] Cf. *I Cor.* 11,31.
[75] Cf. *Rom.* 6,19.
[76] Cf. *Luc.* 10,28.

Él concederá el cielo a quienes llevaron a cabo obras de misericordia y reprobará a los malvados por su omisión y desprecio?[77].

40. Si todo esto no es mentira, Pomerano (y pienso que no lo es si el evangelio es verdad), no puedes escapar al hecho de que lo que escribes es mentira: que es hipocresía, mentira e impiedad, lucha contra la gracia de Dios, y que es una total negación de Cristo —por más que brille con aspecto de santidad— si alguien trata de hacer algo más allá de la fe; esto es, si une a la fe las obras de caridad sin las que la fe está muerta[78], si a través de la fe junto con las obras, trata de vivir una vida justa. Quien reconoce que no puede hacer el bien sin la gracia no está luchando contra la gracia al tratar de hacer buenas obras; tampoco confía en las obras, como los fariseos[79], porque sabe que ellas no valen nada sin la fe y por nada recibe recompensa más que por la pura generosidad de Dios. Pero quienes claramente luchan contra la gracias de Dios y niegan totalmente a Cristo son los que en esto exaltan solo la gracia y confían en la fe de Cristo, de modo que con la negación total del mérito y la bondad de las buenas obras (no la confianza dañina en las obras, que nosotros condenamos) hacen hombres tibios en el obrar el bien. Por esa indolencia no solo pierden rápidamente la fe sino también la gracia, sobre todo cuando —según son las costumbres ahora— los hombres tienen que buscar casi más el valor de las buenas obras que la fe, sin la que las obras no tienen ningún valor; y cuando encuentras a más que prefieren creer bien que obrar bien.

---

[77] Cf. *Matth.* 25,31-46.
[78] Cf. *Iac.* 2,24 y 26.
[79] Cf. *Luc.* 18,9-14.

41. Pero en esta parte vuestra completa inconsistencia es suficiente para indicar qué mala causa apoyáis, y habláis con tal confusión que parece que intencionadamente os guardáis de que nadie os entienda. Cada palabra que sigue contradice la anterior. Así, un poco después, añades: *Pero quizá te preguntarás qué pensamos y enseñamos sobre la moral, el culto a Dios, los sacramentos y cosas de este tipo. Respondo que Cristo es nuestra justificación y también se ha convertido en nuestro maestro. Todo lo que nos ha revelado con sus propias palabras, eso es lo que enseñamos, como ha mandado. Último capítulo de san Mateo*[80].

42. También nosotros, Pomerano, lo mismo confesamos y enseñamos lo mismo. Pero dime, ¿no vais a enseñar ninguna otra cosa? Es más, ¿no vais a contradecir todo, cualquier cosa que Cristo no enseñó con sus propias palabras? Así pues, ¿lo que enseñó Dios por medio de Moisés y los profetas antes de que Cristo naciera, todo eso vais a contradecirlo, excepto algunas de esas cosas que enseñó Cristo de nuevo con sus propias palabras? Y así también, ¿vais a contradecir de nuevo lo que Cristo enseñó a su Iglesia por medio de tantos santos Padres, evangelistas, mártires y apóstoles, excepto lo que enseñó con sus propias palabras?

43. Pero dime, ¿dónde te ha enseñado Cristo con sus propias palabras que solo hay que creer lo que ha enseñado con sus propias palabras? ¿Dónde ha enseñado con sus propias palabras esos dogmas que enseñáis al mundo? Dime, ¿dónde ha enseñado con sus propias palabras que el hombre no tiene voluntad libre? ¿Dónde ha enseñado con sus propias palabras que quien antes ha hecho voto

---

[80] Cf. *Matth.* 28,20.

de castidad ha de tomar esposa? ¿Dónde ha enseñado con sus propias palabras que la querida de Lutero es igual a la Madre de Cristo? ¿Dónde ha enseñado con sus propias palabras que la Misa no sirve de nada a los difuntos? ¿Dónde ha enseñado con sus propias palabras que no existe el purgatorio, sino que las almas de los muertos duermen hasta el día del juicio final? ¿Dónde ha enseñado con sus propias palabras que hay que dejar caer su cruz y esconderla en algún sitio en las sombras, no sea que para su veneración se gaste un oro que, de otro modo, por supuesto, iría directamente a los pobres?

44. Pienso que Cristo no ha enseñado estas cosas a Lutero con sus propias palabras cuando dijo: «A los pobres los tendréis siempre con vosotros»[81]. Pero con sus propias palabras enseñó Judas, hermano de Lutero, «¿para qué este derroche? Pudo venderse por mucho dinero y darlo a los pobres»[82].

45. Mira, Pomerano, los que reclamáis que solo se crean las cosas que Cristo enseñó con sus propias palabras, suprimís todas las demás cosas que Dios ha enseñado a la Iglesia por medio del Espíritu Santo, y por el contrario, enseñáis entretanto lo que ni Cristo enseñó ni ningún hombre de bien podría tolerar.

46. Pues añades esto: *Ante todo Cristo enseñó que esta es la obra de Dios: que creamos en aquél que envió su Padre*[83]. Creemos que esto es del todo cierto, pero no creemos que sea cierto aquello que tú presentas como única conclusión de esto, pues alegas, para convencer de manera

---

[81] Cf. *Matth.* 26,11.
[82] Cf. *Ioh.* 12,5.
[83] Cf. *Ioh.* 6,29.

encubierta, que la sola fe basta: pero te refieres al asunto tímidamente, ocultando[84] la mayor parte de vuestra doctrina mística, algo que ocultas en vano, divulgada como está por todo el mundo gracias a los libros de vuestro maestro. Lutero declara esta opinión de vuestra escuela más abiertamente y explica la cuestión con un poco más de audacia, pues escribe abiertamente que ningún pecado puede dañar al hombre cristiano excepto la sola incredulidad. Todo lo demás, si permanece o retorna la fe por la que seremos salvados según la promesa de Dios, es absorbido por completo y al momento por la fe, de modo que no es necesario que nadie piense en confesar los pecados o dolerse de sus faltas o compensar lo que se ha hecho mal obrando el bien: cosas todas que Lutero ha eliminado claramente. Tú, como he dicho, te refieres al asunto tímidamente y tratas de esquivar el odio que suscita esa afirmación de la forma más hábil que puedes, disimulando que predicas la fe de tal modo que entretanto animas a los hombres al vicio y desprecias la virtud. Pero al entender así las cosas, puesto que dices que la sola fe basta, parece como si quien tuviera fe necesariamente evitase el vicio y abrazara la virtud.

47. Si la cuestión fuese así, sería sin embargo muy estúpido ese clamor vuestro por el que clamáis contra las buenas obras. Pues si la fe da lugar necesariamente a que las obras sean buenas, ¿qué otra cosa hacéis manteniendo disputas contra las buenas obras que hablar sin ton ni

---

[84] Traduce el término *subticens*, participio de presenta de *subticeo*, compuesto de *sub-taceo*. El léxico de Hoven (1994: s.v.) le otorga un uso transitivo ("A) **taire quelque chose") —que sería el utilizado aquí— y otro intransitivo-reflexivo ("B) se taire"). Hoven documenta el verbo en Valla, Erasmo y otros, pero no menciona a Moro.

son contra el fruto de la fe? Pero si no hay posibilidad de buenas obras —algo que defiende abiertamente vuestra secta—, ¿de qué manera es coherente eso con lo que dices de que quien tiene fe es como un árbol bueno que no puede dejar de dar buen fruto a su tiempo?

48. Y si es tan verdadero que quien tiene fe necesariamente hace obras buenas, ¿por qué dice el apóstol «aunque tuviera toda la fe, una fe capaz de trasladar montañas, si no tengo amor, no soy nada»[85]? ¿Y por qué dice aquello de «si tuviera fe, aunque repartiera todos mis bienes para alimentar a los pobres y entregara mi cuerpo a las llamas, si no tengo amor, no me sirve para nada»[86]?

49. En vano se habrían dicho estas cosas si la fe no existiese sin la caridad. Puesto que «la fe sin obras está muerta»[87] y puesto que «los demonios creen y tiemblan»[88], en vano aduciría ante vosotros la carta de Santiago, que, como os es incómoda, decíais que no es apostólica. Pero Adán —supongo— creyó en Dios, pues, como dice el apóstol, «no fue Adán el que se dejó seducir»[89], y sin embargo pecó. Si puede ser coherente con la fe hacer el mal, no puede haber ninguna duda de que es coherente con la fe no obrar bien.

50. Mas quizá no crees al apóstol tú que no crees nada más que lo que Cristo dijo con sus propias palabras. Pues bien, sea: ¿no dijo Cristo con sus propias palabras que muchos vendrían un día y le dirían «"Señor, Señor, ¿acaso

---

⁸⁵ Cf. *I Cor.* 13,2.

⁸⁶ Cf. *I Cor.* 13,3.

⁸⁷ Cf. *Iac.* 17.

⁸⁸ Cf. *Iac.* 19.

⁸⁹ Cf. *I Tim.* 2,14.

no profetizamos en tu Nombre? ¿No expulsamos a los demonios e hicimos muchos milagros en tu Nombre?". Entonces yo les manifestaré —dijo— "Jamás os conocí; apartaos de mí, todos los que hacéis el mal"»[90]. ¿No enseña claramente este pasaje que la fe —incluso una fe tan grande como para hacer milagros— no produce frutos buenos en ciertos hombres y que esos hombres no son buenos árboles por su inmensa fe sino higueras totalmente secas que han de ser cortadas de raíz y arrojadas al fuego[91]? No es verdad, pues, Pomerano, que la fe sola baste y que quien tenga fe necesariamente dé un fruto de buenas obras.

51. Pero ¿por qué te cito a Cristo? ¿Por qué no le cito a un luterano más bien a Lutero? Escucha, pues, lo que dice él, cuya autoridad es para ti irrefutable. «Nada —dice— puede condenar al hombre más que la sola falta de fe. Pues todo lo demás, si la fe permanece o retorna, es absorbido —dice— por la fe[92]».

52. Si él hubiera meditado todo un decenio no veo de qué modo podría haber explicado con más claridad que no cree otra cosa que, siempre y cuando la fe permanezca entera e indemne, uno puede cometer todo tipo de iniquidades: verdaderamente no veo qué palabras habría podido usar para explicarlo con más lucidez. Pues esas palabras —«si permanece la fe»— no puedes torcerlas hacia otro sentido diferente a que cree que permanece la fe mientras se cometen iniquidades. De lo cual puedes ver

---

[90] Cf. *Matth.* 7,22-23.

[91] Moro combina la enseñanza de *Matth.* 21,18-22 (parábola de la higuera seca) con la de *Matth.* 3,10 ("el árbol que no produce buen fruto será cortado y arrojado al fuego").

[92] Cf. § 46; se trata de una cita basada en *De captiuitate Babylonica.*

fácilmente que se sigue que la fe no produce buenas obras necesariamente, puesto que puede convivir con el mal.

53. Deja ya, entonces, Pomerano, estos engaños, con los que tratas de adornar tu impío dogma de tal modo que cuando prescribes la sola fe pareces dictaminar al mismo tiempo todo lo bueno, como si creyeras que la fe no solo necesariamente evita el pecado, sino que incluso produce virtudes. Lutero enseña muy claramente, como has oído, que no solo pueden cometerse todos los pecados y que la fe permanezca aún indemne, sino también que a quien comete pecado, eso no le daña por el mérito inherente de su fe. «Así, si la fe permanece —dice Lutero— todos los pecados serán absorbidos por la fe».

54. Por lo demás, si quizá ahora te avergüenzas de tu maestro, cuya impía creencia ves tan claramente despojada de velos, y tú mismo querrías que pareciera que crees algo más santo, realmente, Pomerano, no has adornado tus palabras con suficiente inteligencia, puesto que es claro como la luz del día que eres al menos igual a él en impiedad, si es que no le superas. Pues en primer lugar hablas neciamente contra las buenas obras con algunas afirmaciones de la Escritura, como aquella: «Si somos justificados por las obras y nuestro libre arbitrio, Cristo ha muerto inútilmente por nosotros»[93]. En ese versículo has añadido a tu arbitrio aquello del libre arbitrio, para no comportarte como sacrílego falsificador en las letras sagradas. Cualquiera puede ver que ese texto de la Escritura no denigra el valor de las buenas obras, puesto que no

---

[93] Cf. *Gal.* 2,21, donde la cita correcta sería "yo no anulo la gracia de Dios: si la justicia viene de la Ley, Cristo ha muerto inútilmente". Queda claro que Bugenhagen interpreta estas palabras fuera de contexto.

quiere decir otra cosa que Cristo habría muerto en vano si fuésemos justificados por las obras sin fe. Y Cristo no ha muerto en vano, si las obras no tienen ningún valor sin la fe, e incluso si ellas valen mucho cuando se unen a la fe; no necesito añadir que esto lo dijo el apóstol sobre las obras de la ley mosaica[94].

55. Y entonces has añadido aquello de que *quienes siguen su propia justicia no llegarán, como los judíos, a la verdadera justicia*. Y aquello otro de *no son capaces de supeditarse a la justicia de Dios*[95]. Has añadido eso de *como los judíos* de nuevo de tu propia cosecha, para que no pueda parecer que citas de manera más honesta que un judío. Pero las palabras de Pablo se aplican a quienes creen que la justificación viene solo de las obras de la ley sin la fe de Cristo, o a quienes se ensalzan con un vano orgullo por sus propias obras. Más ¿qué importan esas palabras a los cristianos, que creen que ninguna obra —no importa lo buenas que sean o cuántas— puede hacer a una persona partícipe del cielo a menos que esas obras se hayan realizado con fe? Aun así, las buenas obras no pueden realizarse sin la gracia, y ellas no pueden merecer la felicidad eterna por sí mismas; pero una recompensa tan inmensa y más allá del mérito de los méritos humanos es concedida por la mera gratuidad de Dios que da con generosidad y que decide libremente.

56. Así, cuando has atacado las buenas obras con armas tan trabajadas, pasas ya —como si hubieras conquistado lo que no has tocado— a la justicia de Dios, que es

---

[94] Cf. *Rom.* 3,20.

[95] Cf. *Rom.* 9,30-31; en el contexto de la carta a los Romanos, Pablo aplica esa idea solo a los judíos, pero Bugenhagen quiere dar a entender que el autor la atribuye a los judíos y a los cristianos.

146

Cristo, para la cual, como si alguien lo hubiera negado, reúnes testimonios de la ley y los profetas. Pero ¿por qué finalmente presentas estas cosas? Sin duda para que, rechazadas y apartadas las obras, puedas atraer a todos los mortales a la sola fe.

57. *La justicia de Dios es tuya* —dices— *cuando recibes a Cristo mediante la fe.* Realmente esto es cierto, y no tiene nada de malo, a no ser porque con la solicitud con que recomiendas la fe, con esa misma solicitud has rechazado las buenas obras.

58. Y ahora, lo que añades a continuación creemos que es muy cierto: *Cristo no murió por sí mismo o por sus pecados, sino por ti y por tus pecados* [96]. Pero en tu caso, tememos que presentes esto para, por medio de su confianza en la sola fe, confirmes la licitud del pecado y el rechazo de la santidad de una vida más disciplinada. No niego que yo parezca inclinado a una interpretación incorrecta, a no ser porque tus propias palabras que siguen sugieren la insinuación de una sospecha nada sutil, sino que proponen pruebas obvias. Y así, añades: *De este modo, cualquier otra cosa que hayas intentado para llegar a la justificación —esto es, llegar a ser justificado y libre del juicio de Dios, del pecado, de la muerte y del infierno— será hipocresía, mentira e impiedad, por mucho que brille con apariencia de piedad, pues eso luchará contra la justicia de Dios y será una negación de Cristo* [97].

59. Estas palabras tuyas te delatan claramente: enseñas la fe para desdeñar las buenas obras. En esto dejaré claro que Lutero, que está por delante de todos los demás

____

[96] Cf. *I Cor.* 15,3 y *I Petr.* 3,18.
[97] Palabras que ya han aparecido en § 32.

en impiedad, es sin embargo superado con mucho por ti solo. Pues él —como recogí antes—, para que nadie pensara que debía preocuparse de algo excepto de la vida lujuriosa, escribió que la fe absorbía los pecados.

60. Apoyas esa opinión con tu voto, cuando recordaste algunas virtudes que predicas que enseñáis (asunto que trataré un poco después para que todos entiendan lo falsamente que predicas) y añadiste en seguida: *Y como estamos aún en la carne, cualquier bien que no se haga o que no se haga suficientemente bien, cualquier pecado que se cometa, enseñamos con Cristo que se pida a la vez el perdón de los pecados, precisamente como Él nos enseñó a pedir: perdona nuestras ofensas[98]; y enseñamos que por esta confianza no se imputará el pecado que quede en la carne. Pues no encuentro en mí —esto es, en mi carne— el bien, pero doy gracias a Dios porque Cristo no vino por los justos sino por los pecadores. Y los publicanos y las prostitutas entrarán en el reino de los cielos delante de los fariseos justificados por sí mismos[99].*

61. Pomerano, con estas palabras que dice Lutero —nada puede condenar a un hombre más que falta de fe (pues la fe sola absorbe los pecados)— tú explicas la cuestión de otro modo: que no se pueden imputar pecados si alguien tiene confianza en Dios de tal modo que crea que por la sola fe no se le imputan sus propios pecados. Pero dices que enseñáis que a la fe se una la oración, sobre todo esta: perdona nuestras ofensas.

---

[98] Cf. *Matth.* 6,12.

[99] Bugenhagen realiza aquí una combinación de varios pasajes de la Escritura: *Rom.* 7,18, *Matth.* 9,13 y *Matth.* 21,31. La última palabra, *iustitiarius*, es un término tardío que Hoven (1994: *ad loc.*) traduce como "officer of justice", sin recoger su uso en este lugar específico ni en Moro.

148

62. Así, por estas dos cosas —a saber, la sola fe unida a una brevísima oración— la suma total de todos los pecados que no se os han de imputar o de los que se os ha de absolver consiste en que por medio de vosotros se ha abierto a los mortales un extraordinario atajo para llegar al cielo a través de una vida en la tierra de lo más libertina; en efecto, a ellos les habéis quitado, llenos vosotros de bondad, las lágrimas que hay que derramar por los pecados, la molestia de confesarlos, el fastidio de satisfacerlos. Y, en relación a esto, no estoy alterando nada en lo que digo ni retorciendo nada en lo que interpreto: de una parte, lo prueban tus propias palabras; de otra, lo demuestran con más claridad que la luz del sol las que escribe tu maestro sobre el sacramento de la penitencia en *De Captiuitate Babylonica*.

63. Por consiguiente, a nadie pueden quedar dudas de que esa es la opinión de Lutero y también la tuya, Pomerano: que la sola fe es suficiente para salvarse no solo sin buenas obras sino también con acciones infames e iniquidades. Por lo demás, como empecé a decir un poco antes, tú, no contento con esta impiedad, decidiste que debías ir más allá y no parar hasta que hubieses enseñado que las buenas obras no solo debían ser despreciadas[100] sino que incluso nos harían daño y nos apartarían de Dios, por lo que debían ser cuidadosamente evitadas. Así, como recordé[101], estas son tus palabras: *Esta justificación divina es tuya cuando recibes a Cristo por la fe. Pues*

---

[100] La expresión traducida —*flocci facere*— que aquí Moro compone en una sola palabra, puede presentar dos sentidos opuestos; el contexto obliga a entender aquí el sentido negativo.

[101] El pasaje que Moro cita a continuación se encuentra ya recogido en § 32.

Él no murió por sí mismo ni por sus pecados sino por ti y por tus pecados[102]. *Así, cualquier otra cosa que hayas intentado para llegar a la justificación —esto es, llegar a ser justificado y libre del juicio de Dios, del pecado, de la muerte y del infierno— será hipocresía, mentira e impiedad, por mucho que brille con apariencia de piedad, pues eso luchará contra la gracia de Dios y será una negación de Cristo.*

64. No voy a usar aquí la retórica para atacar la impiedad de estas palabras tuyas. Pues no hay necesidad de la retórica para que un hombre bueno se presente con odio a quien con tanto aliento y tan sonoro silbido de la antigua Serpiente, con clamor tan infernal, blasfema tan abiertamente, tan desvergonzadamente, tan odiosamente contra todas las demás virtudes excepto la sola fe, de forma que no duda en llamarlas y señalarlas como hipocresía e impiedad sin que importe el esplendor de piedad con el que brillen, y sosteniendo que ellas no solo se oponen a la gracia de Cristo sino que incluso niegan al propio Cristo.

65. Cuando dices estas cosas, Pomerano, dime, ¿qué otra cosa dices sino que Dios Padre envió a la tierra a su hijo unigénito solo para que enseñara a los mortales que había venido para liberar a todos del esfuerzo y la preocupación por la virtud y para permitirles un impune e irrefrenable libertinaje para todo tipo de acciones deshonrosas? Y después de haber llevado esa vida en la tierra, les daría la felicidad eterna en el cielo: solo pediría a cambio que nadie dudase en confiar en su promesa, no fuera a ser que si alguien quizá confiaba menos pudiera llegar a ser o mejor persona o menos mala.

---

[102] Cf. *I Cor.* 15,3 y *I Petr.* 3,18.

150

66. Al ser estas cosas que piensas, Pomerano, no solo tan impías sino también tan absurdas, si no fuera porque has manifestado tu opinión con palabras tan patentes, no habría nadie a quien pudieras parecer que, siendo hombre, pienses tan claramente de manera propia de una bestia. En realidad, pongo en juego mi pensamiento y mi esfuerzo para ver si quizá puedo encontrar algo que retenga alguna apariencia con la que pudiera considerarse que piensas algo diferente, algo que, aunque no fuera bueno u honesto, al menos no fuera tan destructivo y sacrílego.

67. A esta tarea me he aplicado con diligencia no solo por tu bien sino también por el mío: por tu bien, porque me avergüenzo mucho de ti y me das pena; por el mío, porque quería dejar perfectamente claro a todo el mundo que aún tengo la misma disposición que he tenido siempre, es decir, que me gustaría interpretar los escritos de todos de la mejor manera y de la forma más amable posible. Sin embargo, ciertamente ni he podido descubrir ni imaginar nada para suavizar lo que de hecho no es una opinión acerca de tu absurda impiedad sino más bien un conocimiento positivo de ella fijada en las mentes de los hombres por medio de tu lenguaje explícito.

68. En efecto, mientras trato de hacer todo eso, mientras no dejo de remover ninguna piedra, se me vino a la cabeza lo siguiente: ¿qué ocurre si imaginamos que él piensa que cuando dice *será hipocresía si alguien busca otra cosa que la fe*, no quiere decir que sea hipocresía unir alguna otra virtud a la fe, sino el que alguien ponga en el lugar de la fe otra virtud en la que confiar, y haga descansar su esperanza sin la fe de Cristo?

69. Pero esta interpretación me pareció inmediatamente tan vergonzosa que mi pudor nunca soportaría

defenderla. Veía al punto que todos me contradirían diciendo que había gastado en vano mi tiempo en pensar una forma de explicarlo muy deshonesta y ridícula. Pues en seguida me preguntarían cómo era posible, Pomerano, que pensaras así cuando no desconoces que todos esos a los que criticas, piensan la misma cosa.

70. ¿Es que hay alguno de todos esos contra los que escribe —dirían—, a los que llama justificadores de sí mismos, a los que critica como a fariseos, que crea que alguna virtud es de provecho sin la fe? Y así, aunque no queramos, tenemos que admitir, Pomerano, que eso es lo último que piensas.

71. Mas quizá simularás finalmente que lo que quieres es esto: no prohibir a nadie que busque otras virtudes más que la sola fe. Pero solo querías advertir de esto: del convencimiento de que cualquiera de las otras virtudes o cualquier obra del hombre, aunque estuviera bien hecha, aunque estuviera favorecida y moldeada por la fe, no será de ninguna importancia para lograr la salvación o para evitar el castigo del infierno; por el contrario, si alguien decide obrar el bien con la idea de que eso le ayudará o a ganar el cielo o a evitar las llamas del infierno, esa persona no solo se engaña y se equivoca completamente, sino que también perderá la felicidad y se arrojará de cabeza al infierno precisamente por causa de esa creencia. Así, es como si hubiera negado a Cristo.

72. Si quieres que pensemos así, Pomerano, ¿qué haces sino —como dicen—caer del humo al fuego[103]? Pues

---

[103] Cf. Otto (1962: 137), s.v. *flamma*; cf. también Amiano Marcelino, 14,11,12: *prorsus ire tendebat de fumo, ut prouerbium loquitur uetus, ad flammam* ("en resumen: como dice un viejo proverbio, escapando del humo se metía en las llamas").

inmediatamente te pregunto, Pomerano: si alguien desprecia las buenas obras y lleva a cabo las malas, esa forma de proceder ¿no le cierra el cielo o le abre los infiernos? Si niegas esto, a nadie dejas duda —por más que desees ocultarlo— de que eres tú quien, al proponer la impunidad de las iniquidades, estás incitando a todo el mundo a los vicios. Pero si, como es preciso, concedes aquello, nunca podrás negar que si la malicia de nuestras obras nos hace descender a los infiernos, su bondad, que llevamos a cabo con la ayuda divina, nos ayuda a alejarnos de los infiernos y nos hace más o menos idóneos para el premio prometido del cielo. De este modo, sería completamente absurdo convencerte a ti mismo de que Dios, cuya naturaleza es tan misericordiosa, castigaría los vicios, pero no ofrecería premio a la virtud.

73. Pero ya hemos demostrado antes lo absurda que es esta herejía y con cuánta claridad contradice algunos pasajes de las Sagradas Escrituras. Así, admitimos que nadie debería enorgullecerse de su virtud; debería más bien reconocer que la recompensa de las buenas obras no procede de su propia naturaleza, sino del generosísimo valor que Dios pone en ellas. Y nadie es capaz de realizar buenas obras por su propia naturaleza solamente sin un especial don de la gracia; incluso entonces uno debería temer lo que es capaz de hacer por su propio mérito, no vaya a estar quizá infectado por algún vicio oculto. Podemos, sin embargo, estar esperanzados acerca de nuestras buenas obras y deberíamos siempre tratar de ser salvados no por la sola fe, sino intentar evitar el mal y hacer el bien, de modo que así lleguemos a la vida eterna.

74. Pues Dios no prometió este infinito e inimaginable premio a quien le faltase la fe, y tampoco lo prometió

a quien tuviera solo fe, de modo que hay más de un pasaje en el que más de un apóstol afirma que la fe sola —sin importar lo grande que sea— no sirve absolutamente de nada, y que, sin buenas obras, hay que considerarla completamente muerta.

75. Además, el hecho de que cuando las buenas obras se llevan a acabo con fe se recibe un premio eterno, ¿no lo muestra claramente lo que dice la Escritura: «El rescate del alma de un hombre es su riqueza»[104]? ¿No lo constata aquel otro pasaje del Evangelio «dad limosna y todo será puro para vosotros»[105]? ¿No está lo que hace tiempo dijo Cristo con relación al juicio que ha de venir, que Él daría la felicidad eterna como retribución y premio de lo que se ha dado con generosidad a los pobres?[106].

76. Ves, Pomerano, que estos testimonios de las Sagradas Escrituras son tan claros que por más que los retuerzas, jamás encontrarás algo que puedas contraponer. Pero quizá eres tú un hombre tan santo que no puedes soportar el nombre de "retribución" y "premio", sino que mandas que el hombre sirva a Dios gratuitamente, de forma que no espere a cambio ninguna retribución: como si no prestar servicio gratuita y libremente sino servir contratado por un precio fuera lo propio de un mercenario y no de un hijo.

77. ¿Quién no mezclaría la tierra con el cielo y el mar con el cielo cuando un obispo luterano que ha roto su

---

[104] Cf. *prov.* 13,8; en la versión de la *Neovulgata* del sitio web del Vaticano (<http://www.vatican.va/archive/ESL0506/__PLV.HTM>) se dice concretamente: "La riqueza es una garantía para la vida de un hombre".

[105] Cf. *Luc.* 11,41; el texto literal reza "dad más bien como limosna lo que tenéis y todo será puro".

[106] Cf. *Matth.* 25,31-46.

154

voto, que ha destrozado su fe, que ha violado la castidad sacerdotal, que se revuelca en un incesto continuo llamándole matrimonio, que menea sus nalgas[107] al tiempo que habla sobre la virtud, de pronto nos presenta las serias y pesadas reglas y normas que se refieren a la adoración de Dios como enviadas desde el cielo, de modo que nadie anhele o espere un premio por sus buenas acciones? Si alguien desea o espera esto, no ha de ser considerado cristiano por Cristo: sin duda es mercenario, no hijo.

78. Se avergüenza, según veo, Pomerano —hombre poco santo y lejos de la condición común de la santidad— de ser contado entre los mercenarios a los que el padre de familia lleva a trabajar su viña por un denario[108]. Él es de un espíritu tan generoso que antes que permitir ser llevado a trabajar en la viña por un denario, quiere morir en la horca fuera de la viña. ¿Quién no ve cómo mira hacia abajo desde su trono y desprecia al profeta como esclavo innoble porque él no se avergonzó de decir en público que había servido a Dios por lo que esperaba recibir a cambio[109]?

79. Pero entretanto no ve el prudentísimo padre a qué angosturas se ha arrojado y se ha lanzado. Pues o no espera ninguna recompensa ni aguarda que ha de ser retribuido por su fe, y entonces predica una fe tan inútil e infructuosa como antes consideró las obras, o bien espera

---

[107] Cf., p.e., Juvenal 2,19-21: *sed peiores, qui talia uerbis / Herculis inuadunt et de uirtute locuti / clunem agitant* ("peores son los que arremeten contra estos vicios con palabras de un Hércules, y discuten sobre la virtud meneando las nalgas").

[108] Cf. *Matth.* 20,1-6.

[109] Cf. *Psalm.* 118,112, en el texto de la Vulgata: *inclinaui cor meum ut facerem iustitias tuas propter aeternam retributionem.*

un premio a su fe y entonces cae en el mismo peligro por el que aborreció del premio de las buenas obras, de modo que hace su fe mercenaria.

80. Y si responde que no está garantizada, ni siquiera para la fe, la bienaventuranza por la naturaleza de la fe sino que va a provenir de la sola bondad de Dios y no hay duda de que vendrá, puesto que Dios lo ha ordenado y prometido así, sin embargo no se debería creer en Dios solo por buscar la recompensa que ha prometido a quienes creen en Él; nos acercaríamos a Él con la idea de que incluso si no fuéramos a obtener ninguna ventaja, tendríamos aun fe en su palabra y adoraríamos su inefable majestad. Si eso es lo que Pomerano fuera a contestar, yo tendría que admitir que él habla con tanta verdad y respeto que no tiene nada que ver con la cuestión.

81. Porque no es —pienso— tan estúpido como para no entender que nada de lo que ha dicho en este discurso sobre la fe se aplica del mismo modo a las obras. Pues no decimos que ellas sean de tal modo por su propia naturaleza que puedan reclamar para sí el cielo, sino que Dios ha prometido generosamente la misma cosa para nuestras obras que para nuestra fe; es decir, Él dará el cielo a unas y a otra si ambas están unidas en quienes son capaces de ambas.

82. De otro modo, quienes son ayudados por la gracia y son capaces de ambas, pero confían solo en una o en las otras —esto es, en la fe sola o solo en las obras—, no avanzan en el sendero de la vida, sino que retroceden engañados por su error.

83. Además, no hace daño a nadie ejercitarse en el ayuno, la castidad, la oración y las demás virtudes que tú, Pomerano, y Lutero tratáis de demoler y destruir. No hay

razón por la que eso le impida alcanzar a veces una piedad tal que parezca que él hace todas esas cosas incluso si supiera que Dios no le premiaría sus constantes esfuerzos.

84. Pues veo eso como una actitud piadosa y confieso que esos pensamientos son santos y deseables: no solo sostengo que son aplicables a la fe y a las buenas obras sino que afirmo claramente que cualquiera que predica, como haces tú, Pomerano, que en las buenas obras no hay nada de bueno, que ningún premio seguirá a las buenas obras, que las buenas obras no sirven de nada contra el infierno, sino que por ellas se obstaculiza la gracia y se niega completamente a Cristo, cualquiera que predica eso, digo, no solo trata de hacer a la gente fría y perezosa para las buenas obras al considerarlas inútiles y estériles sino que también arranca del corazón de los mortales y rechaza el deseo de hacer el bien como si fuese alguna enfermedad dañina y mortal; y para que sus creencias halaguen a la gente, con la seducción de la lujuria y de la vida licenciosa, les permite una posibilidad y una tranquilidad muy fácil para todo tipo de acciones vergonzosas.

85. Y así, puesto que lo que presentas, Pomerano, es hasta tal punto claro y puesto que has visto por tus propias palabras —que he recordado antes— que eso se hace patente de forma tan meridiana, empiezas a tener miedo: no fuera a ser eso tan transparente y quizá demasiado odioso; también, que no pareciera insoportable a hombres malvados y perversos que había aparecido finalmente un farsante tan absurdamente inútil que se haya atrevido, contra el pensamiento común de todos estos siglos, a atacar la virtud con tanta violencia y a promover las malas acciones. Te has visto obligado a contradecirte a ti mismo y, para ocultar con algún adorno

vuestra picadura venenosa —aunque es suficientemente clara ahora para cualquiera—, te has visto obligado a enseñar que vosotros sumáis también vuestras virtudes a vuestras obvias persuasiones al vicio y a vuestras disuasiones de la virtud.

86. Ni siquiera esas palabras tuyas que analizamos antes, permiten que sea ambiguo lo falso que es lo que dices, aunque así lo parece por los dogmas de vuestra secta; pero en cuanto aventemos esas mismas palabras, se volverá aún más evidente y claro. Entretanto, merece la pena ver cómo recubres con una bonita piel la pulpa de vuestro fruto, podrida y totalmente descompuesta. Hablas, pues, del siguiente modo: *Cualquiera que crea en Él, es un árbol bueno y no puede dejar de dar buen fruto a su tiempo: no el fruto que finge la hipocresía, sino el que produce allí el Espíritu de Cristo por su propia voluntad*[110]. *Pues quienes son conducidos por el Espíritu de Cristo, esos son hijos de Dios*[111]. *Ese adorará a Dios con sobriedad y piedad y justicia en espíritu y en verdad*[112], *no con las concupiscencias del mundo*[113], *no con la comida, el vestido y otras hipocresías. Sobre los sacramentos, creerá lo que Cristo enseñó e instituyó; formará a sus prójimos con la doctrina, el consejo, la oración, las posesiones materiales, incluso si le cuesta la vida, y no solo a los amigos sino también a los enemigos. Cristo nos enseñó estas cosas, la naturaleza del espíritu conduce a ellas a los corazones de los creyentes y estas son las cosas que nosotros enseñamos que hay que hacer. Y como estamos aún*

---

[110] Cf. *Matth.* 7,16-20.
[111] Cf. *Rom.* 8,14.
[112] Cf. *Ioh.* 4,23.
[113] Cf. *Tit.* 2,11-12.

158

en la carne, cualquier bien que no se haga o que no se haga suficientemente bien, cualquier pecado que se cometa, enseñamos con Cristo que se pida con constancia el perdón de los pecados, precisamente como Él nos enseñó a pedir: perdona nuestras ofensas[114]; y enseñamos que por esta confianza no se imputará el pecado que quede en la carne. Pues no encuentro en mí, —esto es, en mi carne—, el bien, pero doy gracias a Dios porque Cristo no vino por los justos sino por los pecadores. Y los publicanos y las prostitutas entrarán en el reino de los cielos por delante de los fariseos justificados por sí mismos[115], aunque bocas inicuas repitan que nosotros enseñamos otras cosas. Dios dijo a través de Moisés «al que no escuche al profeta —esto es, a Cristo—, yo mismo le pediré cuenta»[116]. Que los enemigos del Evangelio oigan este juicio de Dios contra ellos. Y el Padre proclama sobre Cristo: escuchadle, Y Cristo: mis ovejas —dice— oyen mi voz, no la de los extraños[117].

87. Un poco más adelante analizaremos si estas palabras, que tan santas son en apariencia, son realmente tan santas como parecen. Así pues, dices que uno debe rezar por el perdón de sus pecados: me asombra que presentes eso como si fuera parte de esta nueva doctrina vuestra; como si nosotros —que con tan falsa injuria somos llamados muchas veces fariseos y justificadores de nosotros

---

[114] Cf. *Matth.* 6,12.

[115] Bugenhagen realiza aquí de nuevo una combinación de varios pasajes de la Escritura: *Rom.* 7,18, *Matth.* 9,13 y *Matth.* 21,31. Esta parte del pasaje ha aparecido ya en § 60.

[116] Cf. *deut.* 18,19; la cita no es la literal: "Al que no escuche mis palabras, las que este profeta pronuncie en mi Nombre, yo mismo le pediré cuenta".

[117] Cf. *Matth.* 17,5 y *Ioh.* 10,4-5.

mismos— no lo hiciéramos en la oración dominical ni confesáramos que somos pecadores. Ciertamente, aún me asombra más que tú animes a rezar o a hacer lo que dices cuando señalas *estas son las cosas que nosotros enseñamos que hay que hacer.*

88. Pues, ¿por qué animas a hacer algo si la libertad de decisión no existe? ¿Por qué me exhortas a rezar, a formar a los demás con mi consejo, a ensanchar sus mentes con la doctrina, a asistirlos con mis bienes y a no escatimar mi propia vida mientras pueda ayudar a otros, si en modo alguno está en mi mano hacer nada de esto? Solo debes pedir a Dios que haga todo esto en mí, y no exhortarme también a mí para que me esfuerce en algo de eso, si ni siquiera ayudado por la gracia presto mi cooperación, sino que solo lo acepto pasivamente.

89. ¿Quién exhorta a una piedra a que tome forma de estatua? ¿Quién exhorta a la nube para que envíe lluvia? ¿Quién exhorta a la tierra para que produzca fruto? Si todo procede del destino y nada pueden hacer los hombres libremente —tal y como sostenéis con obstinación los luteranos—, ciertamente no te has dejado ninguna razón por la que animes a alguien a practicar la virtud o por la que castigar las malas acciones. Ni tampoco tienes absolutamente nada con lo que objetar a tus adversarios, si no pueden hacer nada con libertad, sino que todo está forzado por el destino, a menos que respondas quizá que ni siquiera lo que tú mismo escribes lo escribes por propia voluntad sino por impulso del hado.

90. Pero también me admiro, Pomerano, de que animes a hacer —si es que animas, como dices— muchas de las mismas cosas a las que también nosotros animamos, y que son buenas obras: ¿por qué hablas sin ton ni son

tantas veces expresamente contra las buenas obras? Pues si las desprecias, ¿por qué animas a ellas? Si animas a realizarlas, ¿por qué las desprecias?

91. ¿Permites quizá que se hagan tales obras buenas, pero prohíbes que se las llame así? Mas ¿por qué prohíbes que se las llame así cuando también Dios las nombra de esa manera? «Esta mujer —dijo— ha hecho una buena obra conmigo»[118]. ¿O quizá te produce rechazo porque al ser buena se llama obra humana? Pero atestigua esto el propio Cristo, de quien escribes que es el único al que crees. ¿No dijo Él «esta mujer ha hecho una buena obra»? ¿No dijo lo mismo a los judíos, a quienes os parecéis, «si sois hijos de Abraham haced las obras de Abrahán»[119]?

92. Ahora, vosotros que exigís en todas las cosas claros testimonios de las Escrituras, ¿por qué usáis rodeos en estos claros pasajes de la Escritura? ¿Manda y prohíbe Cristo en muchos pasajes? Y eso, ¿para qué, si no podemos hacer nada? «Tuve hambre —dijo—, y me disteis de comer; tuve sed, y me disteis de beber; estaba de paso, y me alojasteis»[120].

93. Cristo dice que le dieron esas cosas y que las acogió: vosotros negáis lo uno y lo otro. Pues decís que Dios ha hecho todo eso y que los hombres no hicieron absolutamente nada: solo permitieron que Dios actuara en ellos. Él reprocha su dureza a quienes son inhumanos, culpándoles de que no dieron de comer al hambriento, despreciaron al sediento, dejaron al huésped sin cobijo. ¡Con qué severidad culpará de todas estas cosas si

---

[118] Cf. *Marc.* 14,6.
[119] Cf. *Ioh.* 8,39-40.
[120] Cf. *Matth.* 25,35.

161

ninguna de ellas puede hacerse, ni siquiera ayudados por la gracia, o, si, sin culpa propia, la gracia queda retenida, para que las obras no tengan valor!

94. ¿Qué decís a estas cosas, luteranos? ¿Qué otra cosa sino reunir algunos pasajes de la sagrada Escritura en sentido contrario, cualesquiera que parezcan suprimir las facultades de la libertad humana e imputar a Dios las causas de nuestros pecados? Después, o citáis esos pasajes faltando a la verdad o los malinterpretáis y celebráis con la trompeta vuestro triunfo contra los fariseos y los que se autojustifican; omitís mientras tanto vergonzosamente tantos otros pasajes que vencen y aniquilan vuestras líneas de combate y cantáis al mismo tiempo los vuestros; no respondéis nada en absoluto a esos otros pasajes que explican los vuestros o que se citan contra ellos. A menos que alguien esté tan loco como para pensar que Lutero ha respondido estupendamente a aquellos pasajes de las Escrituras que presentó el autor del *Tratado a favor de la libre voluntad*[121], un varón muy erudito que bien merece el agradecimiento de la Iglesia de Cristo. A este respondió Lutero en general con ese libro al que tituló *Sobre la esclavitud de la voluntad*[122], de una manera que con él dejó plenamente claro que su voluntad estaba esclavizada por un demonio delirante cuando lo escribía.

95. Pues ¿qué otra cosa propone Lutero contra esas palabras clarísimas de la Escritura «si quieres entrar en la

---

[121] Erasmo, a instancias del Papa Adriano VI había escrito esta obra, cuyo título original es *De libero arbitrio διατριβή siue collatio*.

[122] i.e., *De seruo arbitrio*; el libro tenía cuatro veces la extensión del libro de Erasmo, quien respondió más extensamente de nuevo con su *Hyperaspistes diatribae aduersus seruum arbitrium M. Lutheri*, y cuyo primer volumen fue completado en 1526.

Vida eterna, cumple los Mandamientos»[123] y otras muchas del mismo tipo en las que de manera tan patente queda clara la libertad de nuestro arbitrio en muchos pasajes de la sagrada Escritura? Que todas ellas se han dicho con sentido irónico; que Dios precisamente ordenó al hombre actuar porque sabía que el hombre no podía llevar a cabo lo que le mandó: una invención tan insensata que no podrías encontrar a otro que no se riera de esta clase de respuesta tan estúpida —si los encuentras, son los que libremente hallan en estas creencias un camino como de desenfreno dañino y abrazan deseosos la idea de esa necesidad para justificar sus acciones execrables—. Ese otro, despreciaría y se burlaría entretanto de las fanfarronadas más insensatas de ese vanidoso varón con las que tan frecuentemente exulta con risa sardónica[124], proclama a los cuatro vientos sus victorias, sus trofeos, sus triunfos y pregona de sí mismo con tanta superioridad que respondería que ni el diablo ni un ángel podrían vencerle completamente. Como si verdaderamente fuera difícil para un sinvergüenza, cuando pregona[125] puras locuras, gritar al punto fuera de sí que él ha argumentado tan brillantemente que nadie podría refutarle.

---

[123] Cf. *Matth.* 19,17.

[124] Palabra de origen oscuro. En la entrada completa de "Sardonian" del *Oxford English Dictionary*, que cataloga la palabra como obsoleta, puede leerse lo siguiente: "The Latin adjective is < Greek Σαρδόνιος Sardinian, which in late Greek was substituted for σαρδάνιος (Homer, etc.; of obscure origin), as the descriptive epithet of bitter or scornful laughter; the motive of the substitution was the notion that the word had primary reference to the effects of eating a 'Sardinian plant' (Latin *herba Sardonia* or *Sardōa*), which was said to produce facial convulsions resembling horrible laughter, usually followed by death."

[125] Traduce el compuesto tardío *eblatero*, al que Hoven (1994: *ad loc.*) da el significado de "proclamer, dire (connot. péjor.)".

96. En verdad lo que Lutero responde al *Tratado*[126] le parece absurdo incluso a él mismo. Sabe de antemano que lo indigno de su conciencia será condenado; sabe que es capaz de provocar solo risa o indignación en cualquiera que no sea partidario de su propia herejía. Él mismo demuestra eso de manera muy clara cuando admite abiertamente en su réplica al *Tratado* que nadie puede ser convencido, que nadie puede ser persuadido de nada a menos que haya bebido en su espíritu por leer sus libros. ¿Qué es esto sino admitir que a todos los demás su réplica parecerá ser lo que en realidad es, verdaderamente absurda, insensata, sacrílega? Solo quienes han sido engañados por su cariño o afecto por la herejía luterana encontrarán algo hermoso en ella; y a esos, al leer los libros de Lutero, les volverá locos el mismo espíritu que agita con sus furias a Lutero, una vez que han rechazado la fe de Cristo.

97. Y así ves, Pomerano, lo bien que manejáis esos pasajes de las Escrituras que se citan en contra de vosotros y a favor de la libertad de decisión. Los ocultáis completamente o los refutáis de la manera más absurda, mientras que a la vez presentáis algunos otros en vuestro favor y contra la Iglesia. De ellos, algunos se utilizan hiperbólicamente, pero todos (como consta clarísimamente por la interpretación continua de los santos Padres) no quieren decir otra cosa que algunos, merecedores de una enorme privación de la voluntad, son finalmente privados de la gracia. Se dice que Dios les ha endurecido porque ha decidido no ofrecerles nunca de nuevo la gracia, que ablanda los corazones de piedra, que ningún mortal es capaz de nada sin Dios; eso es algo que nosotros confesamos abiertamente.

---

[126] Cf. § 94: se refiere a la obra de Erasmo mencionada allí.

98. Pues ¿quién puede negar lo que afirma la verdad cuando dice: «Sin mí no podéis hacer nada»[127] y «nadie puede venir a mí, si no lo atrae el Padre que me envió»[128]? Pero vosotros habéis llegado a tal punto de delirio que sostenéis que el hombre no puede hacer absolutamente nada, ni siquiera con la ayuda de Dios; y que no puede ir al Padre atraído por Él sino solo arrastrado contra su voluntad y sin poder hacer esfuerzo por ascender al que le atrae, cuando Cristo, por el contrario, muestra claramente que Él está siempre dispuesto a atraer, pero no si alguien no quiere ser atraído. «¡Cuántas veces —dice— quise reunir a tus hijos, como la gallina reúne bajo sus alas a los polluelos, y tú no quisiste!»[129].

99. Así, incluso donde Cristo parece que rebaja más nuestras obras de modo que humilla la arrogancia humana, sin embargo, también allí muestra las fuerzas y la libertad de nuestra voluntad. «Cuando hayáis hecho todo —dice— lo que se os ha mandado, decid: "Somos siervos inútiles, no hemos hecho más que lo que debíamos hacer"»[130]. Mirad, vosotros que os jactáis de creer solo en Cristo, ahora ni siquiera le creéis. Él nos dice que actuemos, pero vosotros, por el contrario, negáis lo que él dice y afirmáis que nos comportamos solo de manera pasiva.

100. De modo que vete a presumir[131], Pomerano, de que vosotros enseñáis lo que Cristo manifestó con sus palabras. Pues lo que más me sorprende es que enseñáis a

---

[127] Cf. *Ioh.* 15,5.

[128] Cf. *Ioh.* 6,44.

[129] Cf. *Matth.* 23,37.

[130] Cf. *Luc.* 17,10.

[131] *I nunc et iacta…:* expresión similar a la que aparece en varios pasajes de Juvenal: cf., p.e., 6,306; 10,310; 12,57.

formar al prójimo con la oración, el consejo y a ayudarle con los bienes materiales, incluso a costa de la vida, consejo con el que realmente queréis decir que estas cosas no solo no valen nada contra el Juicio, el pecado, la muerte y el infierno, sino que incluso nos conducen directamente allí. Así, un poco antes has escrito: *es hipocresía, mentira e impiedad y una lucha contra la gracia para un hombre intentar algo que lo libre del pecado, de la muerte y del infierno excepto la sola fe*[132].

101. Si las cosas son así, ¿por qué no enseñas la sola fe? ¿Por qué enseñas esta a la vez que las obras, si o bien la sola fe basta por sí misma o bien las obras proceden necesariamente de la fe? Pues ¿quién exhortaría a quien está bajo el sol? ¿Quién lo exhortaría —digo— a dar sombra puesto que, quiera o no, va a darla el tiempo que esté al sol?

102. Así pues, Pomerano, ves esta doctrina vuestra —que vosotros queréis que parezca tan consistente y que se tenga enteramente por el nuevo Evangelio—, que se contradice consigo misma de manera tan horrible que una parte deshace la otra. Esto os ocurre no por otra razón que, porque enseñáis una cosa de corazón, pero queréis que parezca que enseñáis otra.

103. Pues cuando predicáis seriamente y sostenéis con toda la vehemencia que podéis, que todos los mortales deben convencerse de que por la sola confianza en la fe están libres de toda preocupación y solicitud sobre todas las demás virtudes y así, seguros y ciertos de alcanzar el cielo a pesar de una vida licenciosa en toda clase de acciones deshonrosas, sin embargo, y para desviar un poco

---

[132] Cf. §§ 32, 58, 63, 68; Moro está haciendo aquí una paráfrasis del texto de Bugenhagen que ha citado con anterioridad.

166

el aborrecimiento que produce una creencia tan delirante, intercaláis de cuando en cuando y de pasada algunas cosas contrarias a las que habéis escrito antes, con las que dais lugar a una controversia de si pensáis de forma tan absurda como es lo que escribís. Pero no has manejado esta cuestión con tanta sabiduría, Pomerano, que no pueda borrarse tan fácilmente el tinte con el que te ocupaste de adornar estas virtudes. Para que veas que eso se hace con más rapidez que se dice, examinemos con cuidado seguidamente cómo son estos frutos que los hombres que pertenecen a vuestra secta, como árboles tan buenos, no pueden dejar de dar. *Cualquiera que crea en Cristo —dices—, es un árbol bueno y no puede dejar de dar buen fruto a su tiempo: no el fruto que finge la hipocresía, sino el que produce allí el Espíritu de Cristo por su propia voluntad*[133]. *Pues quienes son conducidos por el Espíritu de Cristo, esos son hijos de Dios*[134]. [135].

104. Aunque muchas de estas palabras, Pomerano, son de Cristo, y si alguien ortodoxo las presentara, serían provechosas, sin embargo, como están entremezcladas con las tuyas, que diriges y tuerces todo para conformarlo a las creencias luteranas, la propia cuestión nos incita con razón a tener sospecha incluso sobre la misma miel cuando es ofrecida por un luterano, no vaya a ser que bajo la miel se esconda un veneno[136]; como, por ejemplo, lo que dices de que el espíritu de Cristo produce buen fruto por su propio impulso en los creyentes.

---

[133] Cf. *Matth.* 7,16-20.

[134] Cf. *Rom.* 8,14.

[135] Párrafo ya recogido en § 86.

[136] Cf. Ovidio, *Amores* 1,8,104: *impia sub dulci melle uenena latent* ("en la dulce miel se esconden impíos venenos").

105. Aunque reconocemos que eso es verdad, no lo reconocemos en el mismo sentido en que parece que lo tomas tú. Pues Cristo no produce buen fruto por su propio impulso en los creyentes sin la voluntad y el impulso del hombre. Y eso es lo único que tu crees, lo que deja claro tu herejía, en la que suprimes completamente la libertad de elección.

106. Lo que sigue ahora muestra claramente el fruto en el que piensas. *Ese adorará a Dios con sobriedad —dices— y piedad y justicia en espíritu y en verdad*[137]. Esto es perfectamente correcto. Pero avanza un poco más: *no con las concupiscencias del mundo*[138], *no con la comida, el vestido y otras hipocresías. Sobre los sacramentos, creerá lo que Cristo enseñó e instituyó*[139].

107. Esta es la explicación, esto es lo que hace daño[140]. Pues vosotros, hombres de espíritu, habéis decidido obedecer al consejo que dio Cristo («quien quiera adorar a Dios, conviene que lo haga en espíritu y en verdad»[141]), de modo que destruís por completo la sumisión de toda la carne a Dios. Mas esto, Pomerano, es adorar en espíritu, pero no en verdad. Y tampoco adora verdaderamente a Dios quien se engaña a sí mismo con la oración del espíritu mientras que descuida someter y dominar con ayunos la lascivia de la carne.

108. Para vosotros es hipocresía toda sumisión del cuerpo que se ofrece a Dios. Pero no lo era para María,

---

[137] Cf. *Ioh.* 4,23.

[138] Cf. *Tit.* 2,11-12.

[139] Pasaje recogido ya en § 86.

[140] Cf. Terencio, *Andr.* 125-126: *attat hoc illud est, / hinc illae lacrumae, haec illast misericordia* ("¡Anda! Esta es la explicación, de aquí vienen aquellas lágrimas, así se explica aquella compasión").

[141] Cf. *Ioh.* 4,24.

que lavó los pies de Cristo con sus lágrimas y los secó con sus cabellos[142]. Para vosotros es hipocresía todo vestido áspero, pero no lo fue para el Bautista, que se vistió con pieles de camello; para vosotros es hipocresía toda abstinencia de comida, pero no para él, que solo se alimentaba de langostas[143]. Y ni siquiera para Pablo, que quería poder ayunar todo el día[144]. Para vosotros es hipocresía todo aquello por lo que la piedad de los fieles vierte su devoción a Dios en los templos; pero no lo creyó así el profeta, a quien la dignidad de su reinado no le impidió cantar y bailar con el pueblo delante del arca de la Alianza[145]. Y no quedó impune aquella mujer necia y soberbia que le reprochó por adorar a Dios de esta manera[146], algo por lo que vosotros los luteranos, ahora, no menos necios y sí más soberbios, os burláis del rebaño de Cristo.

109. En realidad, Pomerano, la piedad de alguien es tibia si su carne no se enfervoriza al adorar a Dios; ese será un auténtico hipócrita si dice que adora fervientemente en espíritu.

110. *Sobre los sacramentos* —dices—, *creerá lo que Cristo enseñó e instituyó.* Realmente bastante breve, pero no lo bastante claro. Pues ponéis en cuestión lo que enseñó Cristo. Nosotros no dudamos que Cristo enseñó lo que la Iglesia de Cristo cree, algo en lo que no puede haber error sin que haya injuria a Cristo; de otro modo,

---

[142] Cf. *Luc.* 7,38.

[143] Cf. *Marc.* 1,6 y *Matth.* 3,4.

[144] Cf. *I Cor.* 8,16.

[145] Cf. *II Sam.* 6,14 ss.

[146] Cf. *II Sam.* 6,16-23: Mical, la hija de Saúl despreció a David por lo que hacía; ella no tuvo hijos.

Cristo habría frustrado la promesa con la que prometió que estaría con ella hasta el fin del mundo[147].

111. Vosotros negáis todo excepto lo que es manifiesto en las Escrituras y lo que es manifiesto lo llamáis oscuro; o lo que es más vergonzoso: lo que es claro contra vosotros, eso clamáis que es claro en vuestro favor. Después, discutís sobre qué es la Iglesia y la consideráis tan ambigua que concluís que no existe absolutamente ninguna en la tierra. Finalmente, tratáis la cuestión de tal modo que o vosotros mismos sois los impíos —que es lo más probable— o lo tendrían que ser necesariamente todos los demás, quienes desde el tiempo de la Pasión de Cristo hasta el mismo día de hoy han sido siempre considerados piadosos.

112. Pues ¿qué persona de bien ha considerado alguna vez el sacramento de Orden como una ficción? ¿Quién ha chismorreado jamás contra la contrición? Es más, ¿quién no ha exhortado al dolor de los pecados? ¿Quién ha permitido que las mujeres oigan confesiones? ¿Quién argumenta contra las buenas obras? ¿Quién menosprecia los ayunos? ¿Quién desdeña las oraciones de la Iglesia? ¿Quién quita los adornos de los templos? ¿Quién tiene envidia del culto a los santos? ¿Quién ha negado el fuego del purgatorio? ¿Quién no considera que la Eucaristía en la Misa es un sacrificio? ¿Quién ha creído que el pan queda como tal con la carne de Cristo?

113. Sin embargo, algunos hombres importantes de vuestra secta se han alejado de esto según la costumbre luterana, pues Lutero suele cambiar sus creencias siempre a peor, algo que hizo con las indulgencias, con la potestad

---

[147] Cf. *Matth.* 28,20.

del pontífice y con la propia Eucaristía. Así, Karlstadt y Zwinglio[148], a quienes finalmente se unió Ecolampadio[149], han retirado totalmente la carne de Cristo dejando solo el pan. Eso mismo maquinaba hacía tiempo Lutero y lo habría hecho sin duda si no se le hubieran adelantado Karlstadt y Zwinglio.

114. Pues hacia ahí se encaminaban aquellas cosas cuando antes permitió a todos creer sin peligro que en la Eucaristía estaban a la vez el pan y el cuerpo de Cristo, sin condenar, sin embargo, que alguien creyera que el pan se convertía en carne. Después tenía por hereje a quien creyera que el pan se trocaba en carne.

115. ¿Hacia dónde se dirigía cuando cambió el canon de la Misa, prohibió que se le llamara sacrificio u oblación, quitó las ceremonias y el culto, permitió a los laicos tocar la Hostia, a las mujeres consagrar, y prohibió reservar la Eucaristía para que fuera venerada en los templos? Afirmaba que esta no había sido instituida por Cristo para ser venerada sino solo para ser recibida. Es más, ni siquiera para que se recibiera, excepto —como dice Lutero en *De Captiuitate Babylonica*— cuando se está abandonando la vida, de la misma

---

[148] Ulrich Zwinglio (1484-1531), sacerdote suizo que empezó su labor como reformador en 1518 predicando contra el ayuno, la veneración de los santos y la necesidad del celibato para los sacerdotes, contrajo matrimonio en 1524. Tuvo un papel relevante en el despojo de adornos, altares, reliquias y vasos sagrados de los templos, así como en la instauración de una particular doctrina sobre las indulgencias, las peregrinaciones o la concepción de la Santa Misa como sacramento. Alentó también una contienda civil entre católicos y protestantes en la que falleció.

[149] Una referencia a Karsltadt y Ecolampadio puede verse en la nota correspondiente de § 6 en esta misma carta.

manera que se recibe el Bautismo una sola vez cuando se está entrando en ella[150].

116. ¿No se dirigían todas estas cosas poco a poco al punto de retirar definitivamente en algún momento el cuerpo de Cristo de la Eucaristía? Y así, se había allanado el camino para abordar abiertamente esta cuestión en seguida, a no ser porque entonces un pecado lo frenó de cometer otro; pues la sola envidia le refrenó de ir adelante y predicar en público esa impía herejía. Tuvo, pues, envidia de que Karlstadt y Zwinglio gozaran del honor de ser tenidos por más impíos que él; y después tuvo no menos envidia del honor de Ecolampadio. De este modo, prefirió desmantelar lo que previamente había preparado con ahínco (como cualquiera puede ver) antes que permitir que nadie más llegara a ser el heresiarca de cualquier secta impía.

117. Pero ¿qué importa que Lutero tenga esta opinión de la Eucaristía —cuyos libros muestran suficientemente—, que tenga esta sacrílega opinión de Cristo? Pues ¿quién puede dudar lo impíamente que cree sobre Cristo cuando blasfema contra sus santos y profana su cruz y pone al mismo nivel a la Madre de Cristo y a su propia meretriz? ¿Y qué importa realmente lo que piense de Cristo cuando su indecente herejía deja clara su inmunda opinión contra la sublimidad de la naturaleza divina, cuando al excelso y clementísimo Dios —una vez eliminada la libertad de la voluntad— lo hace no el vengador sino más bien el causante de todos los pecados? No puede imaginarse una

---

[150] En este párrafo, según Manley (1990: *ad loc.*), Moro estaría malinterpretando y exagerando algunos puntos de la doctrina de Lutero, que este fue exponiendo en diversas obras.

172

herejía más impía y sacrílega contra la sagrada majestad de Dios, ni puede imaginarse una tentación más mortal para cometer todo tipo de acciones deshonrosas. Y al enseñar cosas tan irreverentes y absurdas, no os avergonzáis al mismo tiempo de hablar como si los luteranos fueseis los únicos aptos para formar en la doctrina a los demás; esto es así —pienso— porque Lutero enseña que todos los cristianos están por encima de todas las leyes: así, según esa opinión aconseja, a su manera santa y austera, que quien ha hecho voto de celibato puede despreciarlo y tomar esposa, y que si algún marido es impotente, aconseja —y lo hace muy amablemente— que un adúltero se una a esa esposa.

118. Pues con respecto a eso de que los luteranos ayuden al prójimo incluso a costa de su vida —y ello no solo a los amigos sino también a los enemigos—, ¿quién puede escuchar esto de modo que pueda contener la risa aun siendo algo muy grave y al mismo tiempo tristísimo? Cuando alguien vea las criminales cohortes de vuestra secta concentrarse por todos lados, destruir casas bellísimas, incendiar los sacratísimos edificios, saquear templos santísimos, expulsar paupérrimos e inocentes monjes privados de todos sus bienes y fortunas, despojados de todo medio de vida y muchos malheridos en su cuerpo, ¿es esto, Pomerano, ayudar con tus bienes incluso a costa de tu vida, y eso no solo con los amigos sino también con los enemigos? Supongo que sí: en cualquier parte a los que son mejores los tratáis siempre de la peor forma.

119. Así, si algún sinvergüenza es de poca cabeza e inconstante, dispuesto además a excluir el rigor de una vida más estricta, a ese lo acogéis con los brazos abiertos, ese es un hermano santísimo en Cristo y se une como

criminal soldado a vuestras tropas criminales. Pero si alguien abraza la verdadera piedad, persevera constante en su propósito y desprecia el desenfreno de los delincuentes, inmediatamente es ultrajado por vosotros como fariseo y auto justificador y de la misma manera es despreciado como hipócrita por los luteranos; es maltratado, alejado y acosado como los inocentísimos mártires solían serlo hace tiempo por los tiranos paganos. Y, sin embargo, mientras tanto —Dios me asista— habláis como si fuerais los únicos cristianos y reprendéis seriamente a la Iglesia como si Ella nunca hubiera escuchado a Cristo, gruñendo siempre fuera de contexto las palabras del Padre sobre Dios Hijo: «Escuchadlo»[151]. Pero te das cuenta, sin embargo, de que el Padre no dijo «escuchad a Pomerano» ni «escuchad a Lutero».

120. Pues el pasaje que citas de Moisés —*Al que no escuche al profeta, yo mismo le pediré cuenta, dice el Señor*[152]— es una amenaza para vuestra ruina. La Iglesia verdaderamente, como escucha a Cristo cuando le habla, mantiene la misma fe que ha fluído desde la muerte de Cristo por medio de los apóstoles, los mártires y los santísimos confesores hasta nuestro tiempo con el constante aliento de Cristo; y se mantendrá firme hasta el final de los tiempos a pesar de todos los herejes y de todos los demonios que se unan a los herejes.

121. Pero vosotros, que condenáis a la Iglesia de Cristo, y que Cristo manda por eso mismo consideraros

---

[151] Cf. *Matth.* 17,5.

[152] Parece que Moro está parafraseando el contenido de *Deut.* 18,19: "Al que no escuche mis palabras, las que este profeta pronuncie en mi Nombre, yo mismo le pediré cuenta".

como paganos y publicanos, vosotros sois —digo— los que despreciáis a Cristo en su Iglesia, los que rehusáis escucharlo cuando habla a su Iglesia, y en algún momento experimentaréis la venganza de Dios.

122. Pues, aunque la bondad divina prueba la paciencia de los hombres buenos que están en la Iglesia o castiga los pecados de los fieles sirviéndose de esos secuaces de los demonios, sin embargo será fiel y dará la fuerza cuando envíe la tentación[153], y secará las lágrimas de los ojos de quienes han enmendado su vida[154]. Pero su ira y su indignación a vosotros, a vosotros —digo—, impíos y asesinos crueles de los fieles, con el aliento de su boca os disolverá en cenizas y os arrojará de la faz de la tierra como al polvo[155].

123. Recientemente Dios ha dado una horrible prueba de esa venganza, cuando esos miserables desgraciados, los campesinos seducidos por vuestra doctrina, después de destruir tantos monasterios de religiosos y de caminar un tiempo sin rumbo fijo perpetrando matanzas y saqueos impunemente; cuando creían que habían conseguido una licencia casi ilimitada y sin restricción para cometer toda clase de crímenes, he aquí que el Dios de la majestad tronó y sobrevino una repentina destrucción. Los envolvió como a rebaños con un mar de miseria, por todas partes murieron más de setenta mil; y entonces, todos los que quedaron fueron reducidos a una amarguísima esclavitud.

124. En todo esto no os avergonzáis de vuestro capitán Lutero, que pasó de ser un malvadísimo general a

---

[153] Cf. *I Cor.* 10,13.
[154] Cf. *Apoc.* 7,17 y 21,4.
[155] Cf. *II Thess.* 2,8; *Psalm.* 1,4.

un tránsfuga sin honor; el único que en sus escritos alentó primero a los campesinos a toda acción nefanda, los armó, los enardeció. Y cuando los vio abandonados por la fortuna, los ultrajó, los proscribió y los entregó a los nobles para que los destrozaran. Ese adulador innombrable hizo todo esto para extinguir el odio dirigido contra sí mismo, con la sangre de esos pobres desgraciados, en los que primero metió la cizaña y después los sacrificó.

125. ¿Quién que tuviera una gota de sangre humana en su corazón, no habría elegido morir diez veces antes que vivir una vida detestable cara a Dios y a los hombres, en medio de una adulación tan tremenda y un terror tan delirante? Y, sin embargo, puede ser que él piense que los nobles no son tan estúpidos como para ablandarse en seguida con una sola carta y olvidar que fueron llevados por él al umbral de la destrucción. Y con respecto a los campesinos, sospecho que ellos nunca van a olvidar al hombre que los destruyó dos veces. Este hombre impío y ciego para la venganza divina trabajó para congraciarse con las dos partes, pero no ganó una y a la otra la perdió de lleno.

126. Con todo, yo deseo ciertamente que aquellos nobles y los campesinos lo olviden, precisamente porque decida comportarse de forma que Dios por encima de todo pueda olvidarlo; es decir, si se enmienda lejos de la herejía, si se retracta sin engaño de sus pésimas creencias, si busca la gloria de Cristo a través de su propia deshonra y no permite que su insaciable orgullo le impida confesar su locura por el honor de Dios.

127. Pero si Lutero cae en tal desesperación que no presta atención a su propia salvación, tú, Pomerano, debes considerar la tuya. Abandona esa malvada secta, la

más vergonzosa que ha existido nunca en la tierra. Vuelve y únete de nuevo a la Iglesia católica. Entonces, corrige de todas las formas que puedas lo que has corrompido durante tantos años con tu predicación. Deja tu ilegítimo obispado[156]. Despide a esa mujer desgraciada que tienes como meretriz bajo el nombre de matrimonio y pasa el resto de vida que se te conceda haciendo penitencia por lo que has cometido.

128. Si actúas así, Pomerano —y yo rezo a Dios para que lo hagas— entonces finalmente te alegrarás de verdad por nosotros, que nos dolemos porque estás perdido, y nosotros nos alegraremos por ti, porque has sido encontrado[157].

Esta carta, escrita por el famoso e ilustre mártir Tomás Moro, me parece muy digna de ser imprimida.

Cuner Peeters, Pastor de S. Pedro, 7 de abril de 1568.

---

[156] Cf. § 16.
[157] Cf. *Luc.* 15,6-7.

A JOHN COCHLAEUS[1]
(CA. MARZO-ABRIL DE 1529)

1. HE AGRADECIDO MUCHO TU CARTA, doctísimo Cochlaeus, tanto por su propio mérito como por el de su autor. Además, también porque me anuncia que los cónsules romanos designados habían salido a la luz[2]. He leído muchas cosas de ellos con alegría interior. He encontrado fragmentos de todo tipo y por todas partes; suelo besarlos con ternura: tan lejos estoy de sentir aversión. Y al ver al rey de los persas extender la mano para pedir un poco de agua como un campesino, precisamente con la expresión con la que acostumbra a recibir regalos muy valiosos, yo, que estoy por debajo de tan gran Príncipe, no puedo de ningún modo despreciar restos tan venerables de la antigüedad, yo que nunca he desdeñado las bagatelas Sículas[3] o he sido

---

[1] Como ocurre con otros nombres propios —Goclenius, Sinapius, etc.—, se ha optado por conservar su forma más conocida, en este caso la latina.

[2] Cf. Introducción general a esta carta.

[3] Propias de los habitantes de Sicilia. La edición de Rogers (1947: *ad loc.*) recoge una glosa de Jortinus: *despicacius*.

despreciativo con estas (al menos con las literarias). En efecto, la consideración del amigo tiene tanto peso entre los que son muy rectos, que concilia el afecto y el valor aun en minucias. Pero no he dicho esto con el propósito de considerar que tu empeño, magnífico donde los haya, es de este estilo de cosas. Ni tengo intención de mezclar en este asunto a Casiodoro (a quien tú consideras semejante a mí más por amistad que por amor a la verdad[4]). Mas ¿quién no estaría orgulloso de esta voluntad tan bien dispuesta para manifestarnos agradecimiento y sin buscar beneficio alguno?

---

[4] En la carta previa que Cochlaeus había escrito a Moro (líneas 6-7 de la edición de Rogers, 1947: 397), el autor dice literalmente *neque inter eruditos neque inter magistratus reique publicae consultores quisquam hodie uiuit, qui mihi uideatur in omnibus Cassiodori similior quam tu es.* Esta idea se amplía en las líneas 8-14 de la misma carta.

A JOHN COCHLAEUS
(CA. 1529-1530[1])

1. QUERRÍA QUE CREYERAS, mi queridísimo Cochlaeus, por nuestro mutuo aprecio, que ninguna de las cartas de mis amigos durante muchos años me ha sido tan grata como la última que he recibido de ti. De las muchas razones que tengo para ello, mencionaré expresamente dos: en primer lugar, porque he percibido en tu carta tu profundo afecto por mí. Esto no me era en realidad desconocido, pero ahora es en muchos aspectos aún más claro que antes, cosa que me resulta el colmo de la felicidad (por no decir nada de tus méritos: ¿quién no estaría orgulloso de haber ganado la amistad de un hombre tan prudente?). Después, porque en esa misma carta me mantienes informado de lo que hace el Príncipe. Con

---

[1] Rogers (1947: 401) señala lo incierto de la fecha de la carta. En opinión de esta autora, aunque evidentemente la carta se refiere de nuevo, como la anterior, al *Chronicon* de Casiodoro (cf. Introducción general), si la referencia a las cuestiones relacionadas con la Iglesia se entiende correctamente, entonces la fecha de la carta debería retrasarse hasta finales de 1530.

esta forma de proceder, como si no hubieras colmado los deseos de tu ánimo, me enviaste los comentarios que se hacen de esos mismos hechos, con lo que has resumido de tal manera todo, lo has expuesto con tanta claridad ante mis ojos, que no has podido hacerlo con mayor diligencia y cuidado; y al leer esos comentarios me ha parecido estar presente en vuestro encuentro. Todo ello me parece y realmente es prueba clara de tu aprecio por mí y con ello has manifestado tan abiertamente que no rechazas esfuerzo alguno para proporcionarme, aunque solo sea, algún placer. Y así, difícilmente existe algo que me deleite tanto como el recuerdo de tu interés por mí. ¿Qué puedo continuar diciendo aquí para que quede sellado mi agradecimiento por el múltiple favor de tus escritos? ¿A santo de qué voy a entrar en un discurso prolijo para agradecer un mérito al que no alcanzan a compensar proporcionalmente abundantes acciones de gracias?

2. Me referiré ahora a la última parte de los comentarios, donde recoges los nombres de quienes te precedieron en este bendito asunto; verdaderamente la parte que más me agradó fue aquella en la que encontré, entre otros, el nombre de Cochlaeus. Pido encarecidamente a Cristo —por cuyo piadosísimo favor, con mandato de la Imperial Majestad hacia Dios[2] y con vuestra excelente

---

[2] Rogers (1947: *ad loc.*) explica que el emperador había confiado a teólogos católicos el encargo de contestar a la Confesión de los Protestantes de Ausburgo, que fue recibida el 25 de junio de 1530; Cochlaeus fue uno de los colaboradores. La réplica de estos fue considerada demasiado fuerte y en consecuencia se suavizó. El escrito original parece corresponder más bien al que aparece en la primera de las *Philippicae* de Cochlaeus, que habían sido escritas en torno a 1531 pero impresas en 1534.

mediación se ha iniciado este importante asunto— que
una vez rechazados con rapidez los que disienten en sus
opiniones, vuelva la tranquilidad a la Iglesia, y que guia-
da, o más aún conducida al punto de partida, después de
haberse desbaratado ya en otro tiempo el acuerdo de los
espíritus, nuestra alegría, libre de todo miedo y sin que la
altere ningún cuidado, quede totalmente liberada.

A CONRAD GOCLENIUS
(12 DE NOVIEMBRE DE 1529, CHELSEA)[1]

1. EL ELOGIO DE LA ERUDICIÓN que me prodigas, queridísimo Conrad, así como, consciente de mi mediocridad, no puedo reconocerlo del todo, así tampoco puedo dejarlo totalmente de lado, sobre todo cuando ha sido ofrecido por ti, un varón tan docto, tan sincero cuando cultiva amistades, que no permite unir a ese modo de ser ninguna sospecha de adulación. Además, ocurre que, si alguien rechaza ser alabado por excesivo escrúpulo, en seguida se acostumbraría a estar al tanto y a tener en cuenta la opinión sobre su erudición. Y por eso sucede que estimo inútil establecer una conversación más amplia contigo sobre este asunto y me voy a referir más bien a esa parte de tu carta en la que me recomiendas a Christopher[2] —hasta ahora tuyo y ahora nuestro— con

---

[1] Tercera de las cartas conservadas de Moro a Goclenius; cf. Schulte Herbrüggen (1997: 88).

[2] Se refiere a Cristopher Carlowitz (1507-1578); como se indica en la introducción, esta carta de Moro debe ser contestación a otra de

185

todo empeño y extrema diligencia. ¿Me lo recomiendas, he dicho? Es más, me animas encarecidamente a admirarle extraordinariamente, a que lo estime muy mucho y por tanto lo abrace entrañablemente. Y no solo me animas efusivamente sino que también, teniendo yo hasta ahora una valoración insegura, de tal forma me obligas con tu insistencia[3], que de ninguna manera puedo esquivarlo, sobre todo cuando enumeras tantas y tan numerosas dotes de su espíritu o de su naturaleza que apenas podría creerlo; si no fuera porque, en parte, tu carta —que es de lo más eficaz para convencer— me hubiera impedido considerar algo distinto, y, en parte también, si no hubiera descubierto por mi propia experiencia que es muy cierto. Sin embargo, si me lo permites, te has equivocado en esto: en recomendar con vehemencia y cuidadosamente a este hombre como si por tu encomio fuera una buena mercancía con algún fallo[4]; este hombre, adornado y recomendado por tantas virtudes eximias, dotado de esa buena suerte hasta el punto de que al brillo de esta clase de humanidad también se une la gloria con el conocimiento exquisito de las letras. Pues esta cuidada recomendación posee un defecto más de lo

---

Goclenius perdida en la que le recomendaba a este personaje, un alemán de Hermsdorf, cerca de Dresde. Carlowitz fue educado en la Universidad de Leipzig y en 1527 pasó una temporada con Erasmo; deseaba llevar a cabo servicios para el Estado, y fue aceptado en Sajonia. En 1529 participó en una embajada a Inglaterra, donde se encontraría con Moro como resultado de la presentación de Goclenius.

[3] Traduce el término tardío *petenter*, que el léxico de Hoven (1994: s.v.) traduce como "de manière pressante" y lo atestigua precisamente en este lugar.

[4] Expresión de difícil traducción. Se trata de término tardío —*encomiaste*— que aparece constatado aquí por el léxico de Hoven (1994: s.v. *encomiastes, -ae*): "**quelq'un qui fait l'éloge de…".

justo: que arrastra consigo como compañera la sospecha de falsedad. Pero ¿por qué censuro yo esto, por lo que —si queremos ser agradecidos— mereces que se te alabe? Al mismo tiempo, al prevenirme sobre Christopher de ese modo, has hecho que yo lo mirase con más atención, más profundamente y con mayor confianza. Y aunque es muy digno no solo de nuestro apoyo sino también del de los príncipes, sin embargo, has proporcionado el beneficio de mi empeño hacia él y un esfuerzo nada indolente, si alguna vez actuase así. De ahí que sea fácil comprender cuánto interés tienes por tu espíritu de buen amigo o qué generoso eres al pensar en el favor.

2. Nuestro querido Erasmo, cuando según su costumbre editó una corrección a san Agustín, y la ofreció a los estudiosos, en un primer momento (así me lo contó Quirino[5], que se fue de aquí hace muy poco) lo que antes concibió como la obra *De concionandi ratione*[6], finalmente va a intentar que lo que pensó antes salga a la luz. Adiós. En Chelsea, al día siguiente de la fiesta de san Martín.

Tu muy amigo, Tomás Moro.

Mi secretario, querido Conrad, movido por una excesiva diligencia, quiso que se me ahorrase trabajo, y escribió también mi nombre con su propia mano.

Junto al afable y erudito varón Conrad Goclenius de Lovaina.

---

[5] Quirino Talesio (1505-1573) fue alumno de Erasmo, al que este envió en 1529 a Inglaterra; probablemente distribuyó allí copias del *Augustinus* (el editado por Froben, 10 vols.) a los amigos del propio Erasmo.

[6] Obra sobre la consideración de la predicación, que apareció algunos años después. Erasmo la había dedicado a John Fisher, pero tras la trágica muerte de este la dedicó al obispo de Basilea, Christopher von Stadion.

A JOHN SINAPIUS
(2 DE MAYO DE 1531, CHELSEA)

TOMÁS MORO SALUDA CON GRAN AFECTO A JOHN SINAPIUS

1. ES IMPOSIBLE DECIR CON QUÉ PLACER ha acogido mi ánimo tu poema, doctísimo joven, no menos elegante que amplio y colmado con lúcidos testimonios de enorme afecto hacia mí: ha colmado mi espíritu de enorme admiración por ti. Su variedad, su elegancia a la par que su facilidad de palabra son mayores de lo que pueda expresarse en palabras. Me ha admirado un pensamiento tan vario en un resumen enormemente conciso, al que tu edad y la escasez de tiempo hacen aún más digno de admiración. No hay nada forzado en tanta riqueza de tan afortunada composición, nada afanosamente rebuscado, nada inadecuado o desigual, nada afectado por la oscuridad, nada incierto, nada poco claro o que se pierda por rendijas, nada hinchado ni de bajo estilo. Todo se equilibra y se adecua, pleno todo ello de sentimientos verdaderos, dulces. Todo es, finalmente, de tal forma que no es posible alabar tu poema como se merece.

2. En su comienzo, he reconocido inmediatamente aquella bellísima imagen tuya que Simon Grynaeus[1], varón muy docto, me había pintado con sus palabras de manera tan oportuna, como si utilizara colores, que casi la había ofrecido a mis ojos representada en un cuadro. Adiós.

Desde nuestra casa de Chelsea, en el segundo día de mayo.

---

[1] Grynaeus (Simon Giner, 1493-1541): reconocido estudioso alemán y teólogo de la reforma protestante. Profesor de griego en Heidelberg y Basilea, estaba próximo también a las posturas de Zwinglio. Fue recomendado por Erasmo a Tomás Moro y había viajado desde Basilea a Inglaterra en búsqueda de algunos manuscritos en 1531.

A FRANCIS CRANEVELT
(DICIEMBRE DE 1520, LONDRES)[1]

1. *** este mensajero me importunaba tanto que no me ha quedado tiempo para agradecerte los deliciosos libritos que me enviaste.

2. Erasmo me ha escrito que tú le escribiste sobre mí[2] palabras que hacen ver plena y completamente que eres la persona que ya antes me había dado cuenta que eras.

---

[1] Primera de las siete cartas encontradas con motivo de la subasta celebrada en 1989. Se trata de una carta incompleta, pero tiene el valor de ser la primera carta conservada de Moro a Cranevelt aunque, de acuerdo con Schulte Herbrüggen (1997: 133), no debe ser la primera en su correspondencia; pudo ser una postdata a una carta más extensa ahora perdida, una nota que acompañara al envío de algunos libros, etc. Fue escrita después de que Moro saliera de Brujas el 12 de agosto de 1520 y probablemente antes de llegar a Londres. Sigo el texto de la edición de Schulte Herbrüggen (1997: 131).

[2] Parece referirse a la carta que le escribió Erasmo con fecha de 19 de septiembre de 1920, en la que, entre otras cosas, describe la *humanitas*, *eruditio* y *liberalitas* de Moro.

A FRANCIS CRANEVELT
(13 DE FEBRERO [DE 1521][1],
GREENWICH-EN LA CORTE)[2]

TOMÁS MORO SALUDA CON GRAN
AFECTO A SU AMIGO CRANEVELT

1. Yo, QUE ERA INCAPAZ DE SOPORTAR tu silencio, he permanecido ahora en silencio durante largo tiempo para poderte ofrecer un tema sobre el que escribir, de forma que tú pudieras a tu vez hacerme algún reproche, algo que podrías hacer con razón puesto que he recibido una larga carta tuya y no te he enviado ninguna tan larga como contestación desde hace tiempo. Pero en seguida, después de la Pascua —a menos que ocurra algo inesperado— estaré contigo y te compensaré en persona con la misma inacabable locuacidad que tú te has visto obligado a sufrir

---

[1] La fecha no está consignada por Moro sino que se suple por deducción; se indicará así en las cartas a Cranevelt que estén en esta misma situación.

[2] De nuevo la carta —hológrafa— parece incompleta, aunque podría faltarle solo el final. Quizá escrita con prisa, podría pensarse en que la misiva contiene dos partes diferenciadas y pensada la primera de ellas para que se publicase; con todo, parece más bien que la segunda sección es un pensamiento añadido o una postdata. Sigo el texto de la edición de Schulte Herbrüggen (1990: 136-138).

tan a menudo con tanto aburrimiento. Entretanto, digo adiós también a tu dulcísima esposa, la muy prudente y honesta dama.

Desde la Corte, el 13 de febrero.

2. Te pido que me des alguna idea sobre una casa y quizá la que tuve antes no fuera la peor, pero sí lo era el precio. Indaga a qué precio se puede alquilar durante dos meses desde principios de mayo y después, semana a semana. También por cuánto es posible alquilar ocho o diez camas con el resto de cosas necesarias para la casa, y comunícame algo de esto cuando te sea posible. Puedes hablar el asunto con mi amigo Nicolás Bonvisi[3], muy buen amigo entre mis amigos.

3. Si los candelabros no se han enviado aún, no los envíes; mejor guárdalos ahí hasta que yo llegue. Saluda de mi parte a Laurinus[4], Feuinus[5] y todos los demás amigos nuestros.

Al muy distinguido caballero Francis Cranevelt de Brujas[6].

Recibida el 5 de marzo de 1521[7].

---

[3] Probablemente se refiere a un pariente de Antonio Bonvisi, quien era amigo de Moro y miembro de una importante familia de mercaderes que residía en Londres.

[4] Marcus Laurinus (o Laurijn) de Brujas (1488-1540): estudió en el College de Lily en la Universidad de Lovaina; su casa de Brujas, en donde ejerció como deán de San Donacio, se convirtió en lugar de encuentro de numerosos humanistas famosos, tales como Erasmo o Vives. Tanto en este caso como en el siguiente, se prefieren las formas latinizadas de los nombres propios, más conocidas que en su propia lengua.

[5] Fevinus o Jan van Fevijn de Veurne (1490-1555) estudió en la Universidad de Lovaina y se doctoró en leyes en Italia. Fue muy amigo de Vives y Cranevelt.

[6] Dirección de la carta, no escrita por Moro.

[7] Esto se encuentra escrito a mano por Cranevelt.

194

A FRANCIS CRANEVELT
(9 DE ABRIL [DE 1521], LONDRES)[1]

TOMÁS MORO SALUDA CON GRAN AFECTO A SU AMIGO FRANCIS CRANEVELT

1. HE RECIBIDO DOS CARTAS TUYAS, querido Cranevelt. Por las dos he percibido ese sincerísimo corazón tuyo y el mismo afecto increíble que tienes por mí; si yo no correspondiera con la misma voluntad sería sin duda muy ingrato.

2. Me alegro de que mi señora tu esposa, o más bien tu señora mi esposa a quien me prometí allí hace tiempo, una mujer excelente —bromas aparte— que está adornada con las gracias de todas las virtudes femeninas, se haya aliviado al dar a luz y de que tu familia haya aumentado felizmente con un niño[2].

3. Te agradezco muchísimo que te hayas tomado tantas molestias para encontrarme una casa[3]. La verdad es

---

[1] Texto también hológrafo, esta vez con apariencia de ser una carta completa, aunque de nuevo escrita con cierta prisa. Moro menciona su misión diplomática para llevar a cabo unas negociaciones con German Hanse, pero es una vez más una carta de amistad. Sigo el texto de la edición de Schulte Herbrüggen (1990: 144-146).

[2] No se sabe a qué hijo concreto de Cranevelt se hace referencia aquí.

[3] Cf. carta anterior, § 2.

que no encuentro el modo de agradecerte el que me hayas ofrecido tan amablemente la tuya.

4. Como dicen, querido Cranevelt, hay mucho de la copa a los labios[4]; puede ocurrir que no vaya a esa embajada que iba a ir pronto ahí: un viaje al que renunciaría con gusto si no fuera porque vería a los amigos a quienes, para verlos, iría con gusto a donde fuera. Pero dentro de pocos días sabré esto con seguridad e inmediatamente te escribiré. Entretanto, casi he decidido ir a tu casa al llegar, no para cargarte con mi presencia mucho tiempo, sino para disfrutar de la espontánea amabilidad tuya y de la de tu señora y la mía —tu esposa—, hasta que pueda decidir en persona a qué casa es más cómodo ir.

5. Mientras, mi queridísimo Cranevelt, te digo adiós, también a tu muy encantadora esposa: dale mil recuerdos de mi parte.

En Londres, escrita apresuradamente, el 9 de abril.
Saluda en mi nombre a los señores Laurinus [y] Fevinus[5].
Al muy distinguido caballero Francis Cranevelt.
Brujas[6].

---

[4] Proverbio antiguo; cf., p.e., Gelio, 13,18,1. Cf. también Otto (1962: 259), s.v. *os* 2.

[5] Cf. notas correspondientes a § 3 de la carta anterior.

[6] Esta parte final está escrita también por el propio Moro.

A FRANCIS CRANEVELT
([CA. 8 DE OCTUBRE DE 1521, BRUJAS])[1]

1. Mira, querido Cranevelt, * * *[2] cómo no queda ni un trozo decente de papel de carta. Estoy a punto de montar mi caballo. Te devuelvo tu libro; recibirás a la vez un manojo de cartas que me envió Erasmo para que las leyera[3]. No quiere que se publiquen y piensa que no es de ninguna utilidad hacerlo, a menos que algún adversario insista en sus locuras. Para que estén seguras ante cualquier acontecimiento, las pongo bajo tu recaudo. Si

---

[1] Texto incompleto sin dirección de destinatario, escrito en un trozo de papel por mano de Moro. Pudo ser una simple nota que acompañara a algunos libros y cartas de Erasmo, escrita sin mucha calma, probablemente al final de la misión diplomática de Moro en Brujas. Mientras que Miller (1994: 23) la sitúa con dudas en Londres y en el mes de septiembre, Schulte Herbrüggen (1990: 149) se basa en algunos otros datos contemporáneos para reconstruir la fecha y el lugar tal y como aparecen aquí. Sigo el texto de la edición de Schulte Herbrüggen (1990: 149-152).

[2] Aquí falta un trozo de papel con su correspondiente texto, para cuya restitución Miller (1994: 23) propone *[foliis nullum reliquum sed]*.

[3] No se sabe a qué libro ni a qué cartas concretas se refiere aquí Moro.

el señor Laurinus[4] quiere leer alguna, compártelas con él. Saluda en mi nombre a la mejor de las damas, tu esposa. Pido una salud y una felicidad duraderas para ella, para ti y para tus encantadores hijos. Ahora, me están llamando para que monte mi caballo. Adiós de nuevo.

Todo tuyo,

T. M.

---

[4] Cf. la nota correspondiente en la carta del 9 de abril [de 1521], § 3.

A FRANCIS CRANEVELT
(12 DE NOVIEMBRE [DE 1521, CHELSEA])[1]

1. [* * *][2] HE RECIBIDO HACE POCO, querido Cranevelt, una carta tuya tremendamente parecida a ti, es decir, muy buena, muy cariñosa y verdaderamente docta. Aunque la plaga está arrasando por todas partes, he vuelto a casa sano y salvo y he encontrado bien también a mi familia[3]. Pido a Dios que esta sea su voluntad durante mucho tiempo. Yo contraje las fiebres tercianas inmediatamente

---

[1] Texto hológrafo. La identificación del lugar donde Moro escribió la carta con Chelsea procede de su alusión a *in rusculo meo prope Londinum*: cf. Miller (1994: 61, n. 46) y Schulte Herbrüggen (1997: 153); por su parte, el año es una deducción del lugar que la carta ocupa entre las que se sometieron a subasta. Sigo el texto de la edición de Schulte Herbrüggen (1997: 155-156).

[2] Probable inicio de la carta perdido.

[3] Parece que, en su regreso de Brujas a Inglaterra, Moro había sufrido las fiebres llamadas tercianas (compatibles o procedentes de malaria) porque presentaban su pico cada tres días; Schulte Herbrüggen (1997: 153) conjetura —teniendo en cuenta el tiempo habitual de incubación— que Moro podría haber contraído la enfermedad alrededor del 12 de octubre.

después de mi vuelta, pero ahora empiezo a recuperarme y estoy casi bien del todo. Toda mi escuela[4] te manda saludos; da mis recuerdos a nuestra señora y esposa.

2. Veo que esta guerra[5] no os está tratando nada bien. Ruego con este motivo que los príncipes tengan algún día una mente juiciosa, al menos hasta el punto de que cada uno pueda contentarse con un reino más que suficiente para diez de ellos[6]. Pero espero que el cansancio de la guerra traiga en breve la paz. Adiós, querido Cranevelt; nunca he tenido una compañía más querida que la tuya. En mi pequeña casa de campo cerca de Londres, el doce de noviembre.

Tan tuyo como suyo,
To. Moro.

Para el más distinguido caballero y amigo más querido con mucho, señor Francis Cranevelt, consejero en la ciudad de Brujas.

Brujas[7].

---

[4] Se refiere a sus hijos, pupilos protegidos, familia política, etc.; cf. Schulte Herbrüggen (1997: 154).

[5] *Bellum* es la palabra —creo que correcta— que aparece en la edición seguida, aunque Miller (1994: 25) edita *bellam istud* (¿?); por otro lado, se propicia aquí un juego de palabras (*bellum / belle*) de difícil reflejo es castellano. Moro se está refiriendo a la expansión que Carlos V estaba llevando a cabo en tierras de Francia y los Países Bajos; concretamente Mézières se rindió en diciembre de 1521 después de una seria resistencia. Moro condena a continuación esta política expansionista del emperador.

[6] En la *Utopía*, Hythlodeo explica cómo los acorianos —habitantes de un lugar cercano a la isla de Utopía— evitan que su rey expanda sus dominios haciéndole ver que sus territorios son más que suficientes para él.

[7] Este texto que consigna el destinatario está escrito por una mano distinta de Moro.

A FRANCIS CRANEVELT
([CA. 23 DE MARZO DE 1522, CHELSEA/GREENWICH])[1]

1. HE RECIBIDO TU CARTA, queridísimo Cranevelt, que me ha agradado muchísimo, como todo lo tuyo.

2. Te agradezco el cuidado que has puesto con mi pintura[2]; la propia Virgen te dará las gracias, ya que, por tu solicitud, se ha acabado con toda atención. Pensé que había dejado a uno de mis amigos de ahí las tres coronas restantes[3] que se le debían al artista por acabar su obra, pero ahora he organizado las cosas para que las reciba de Johann van Porter y añado media corona como gratificación además de lo convenido, si él piensa que su obra lo merece.

---

[1] Texto hológrafo e incompleto; la dirección figura en el verso. Miller (1994: 29) la localiza en Chelsea, pero los argumentos de Schulte Herbrügen (1997: 160) para hacerlo en Greenwich parecen de más peso. Sigo el texto de la edición de Schulte Herbrüggen (1997: 161-165).

[2] El término que se traduce, *imago*, es ambiguo; podría referirse a un retrato de Moro, pero el contexto quizá inclina a decantarse por una imagen de la Virgen.

[3] *Reliquos coronatos* en la edición de Schulte Herbrüggen (1997: 161-162), pero *reliquis coronatos* en la de Miller (1994: 130), con una clara falta de concordancia casual.

3. La gente de Brujas, querido Cranevelt, me ha sorprendido mucho con tanta tacañería en medio de tan enorme prodigalidad: quienes han consumido su inmensa riqueza de forma que lo que se ha gastado está perdido, se ven obligados a reconducir las cosas onza a onza, quitándoselo a lo que merecería especialmente recibir más. Pero eso es asunto suyo, así que, que se pierdan[4] en su propio daño. En cuanto a ti, querido Cranevelt, tu virtud y diligencia son tales que siempre encontrarán felizmente un lugar de honor: rezo para ello; y si ves algo que pudiera contribuir a eso por mi parte, me esforzaré para proporcionártelo, como si todos mis recursos y contactos y los de todos los míos se juntaran en tu favor.

4. Adiós, queridísimo Cranevelt, a ti y a tu mujer, la mejor y más atenta dama. Te saluda mi esposa y todos los míos [hijos?] * * *

Para el más distinguido y erudito caballero, señor Francis Cranevelt, consejero en la ciudad de Brujas.
Brujas[5].

Recibida el 6 de abril[6].

---

[4] Las conjeturas para reconstruir este verbo son varias: *fiant, sint* o *pereant*; sigo esta última, preferida por Schulte Herbrüggen (1997).

[5] Esta vez el nombre del destinatario, que aparece en el verso, está escrito por el propio Moro.

[6] Anotación de Cranevelt.

A FRANCIS CRANEVELT
(16 DE MAYO [DE 1525[1]], LONDRES)[2]

1. He recibido con alegría tu encantadora carta, querido Cranevelt, que me has enviado desde Gante, por la que entiendo que tú y todos los tuyos estáis bien, lo que me es muy grato. Para que a la vez sepas de mí, también yo y todos los míos estamos bien, gracias a Dios.

2. Cuando recibí tu carta, nuestro amigo Vives, se había marchado para reunirse con su mujer. Hemos tenido durante un tiempo ese librito absurdo sobre el que me escribiste, publicado contra nuestro amigo Erasmo[3]; a mí

---

[1] Fecha conjeturada por Miller (1994) por relación a la *Apologia* contra Erasmo (1525): cf. carta § 2 y nota correspondiente.

[2] Texto que no incluye Schulte Herbrüggen (1997). La letra no parece corresponder a Moro y se entiende que el original está perdido; esta carta está entre las publicadas por De Vocht (Henry De Vocht, *Litterae virorum eruditorum ad Franciscum Craneveldium 1522-1528*, Louvain, Uystpruyst, 1928). Sigo la edición de Miller (1994: 41), que en realidad es el texto de la carta nº 151 de las publicadas por De Vocht.

[3] Se trata del panfleto escrito —quizá bajo falso nombre—, concretamente en contra de las enseñanzas de Erasmo sobre la confesión y la elección de algunas comidas: *Apologia in eum librum quem ab anno*

y a muchos otros nos parece que se ha titulado con un nombre de autor falso y por eso desearía que indagaras quién es el verdadero autor, quién lo ha llevado a la imprenta, pues puede que así sea posible averiguarlo por ellos. Y si puede descubrirse, házmelo saber, por favor, para que pueda saber también yo quién es ese asno que se ha cubierto con la piel de otro animal. La misma alegría me produce que Fevinus[4] se haya recuperado como pena que haya estado enfermo; te ruego que des mis saludos a él y a tu excelente esposa. De mis asuntos, no hay nada nuevo. Te envío a ti y a tu mujer, como un pequeño regalo, algunos anillos consagrados[5], junto con mis mejores saludos.

Adiós, queridísimo amigo.

Londres, 16 de mayo.

Más que todo tuyo, Tomás Moro.

Al eminentísimo caballero Francis Cranevelt, Gante.

Erasmus Roterodamus de confessione edidit, per Godefridum Ruysium Taxanrum Theologum. Eiusdem libellus quo taxatur Delectus ciborum siue liber de carnium esu ante biennium per Erasmum Roterodamum enixus (S. Cocus y G. Nicolaus, Amberes, 1525).

[4] Cf. la nota correspondiente en la carta del 9 de abril [de 1521], § 3.

[5] En Inglaterra era costumbre que el rey ungido tocara algunos anillos que por ello se consideraba que otorgaban cierta protección contra enfermedades a quien los llevaba. Moro solía enviar estos anillos para las esposas de sus amigos casados; cf., p.e., Granderie (1968: 59-60), donde se recoge el agradecimiento de Budé a Moro por un envío similar.

A FRANCIS CRANEVELT
(22 DE FEBRERO [DE 1526[1]], LONDRES)[2]

1. TUS CARTAS, QUERIDÍSIMO CRANEVELT, que Harst[3] me ha enviado, han sido de gran placer para mí. Al comparar las pinturas de las esposas con tu descripción, he visto claramente —y me alegro de ello, sobre todo por el bien

---

[1] Fecha conjeturada por Miller (1994: 65, n. 96) a partir de las referencias al Tratado de Madrid, a la muerte de Martin van Dorp y a la anotación de Cranevelt en la que figura la fecha de recepción de la carta: 16 de marzo de 1526. Galibois (1994: 82) la fecha exactamente un año más tarde.

[2] Texto que no incluye Schulte Herbrüggen (1997), y que Miller (1994: 47) considera probablemente hológrafo; esta carta está entre las publicadas por De Vocht (Henry De Vocht, *Litterae virorum eruditorum ad Franciscum Craneveldium 1522-1528*, Louvain, Uystpruyst, 1928). Sigo la edición de Miller (1994: 47-48), que vuelve a ser el texto de la publicada por De Vocht, carta n.º 177, si bien he practicado mi propia separación de párrafos. No lleva la firma de Moro; aunque faltan algunos trozos pequeños de papel, no parece que se haya perdido texto.

[3] Larl Hars de Wissembourg (1492-1563) se educó en Colonia, Orleans y Lovaina y trabajó al servicio de Erasmo entre 1524 y 1526; en estos años viajó a Italia, los Países Bajos e Inglaterra. Después de 1530 se convirtió en consejero del duque de Cleves, para quien trabajó en varias misiones. Acompañó a la cuarta mujer de Enrique VII —Ana de Cleves (1515-1557)— a Inglaterra en 1540 y allí permaneció hasta 1544.

de tu mujer— que no estás envejeciendo, ya que aún eres un egregio juez de la belleza.

2. Los reyes se han puesto de acuerdo para la paz: sabe Dios cuánto durará; yo deseo que sea perpetua y no pierdo esperanza alguna. Ellos han aprendido suficientemente sobre los desastres de la guerra de tal modo que ven de sobra que entrar de nuevo en ella no proporciona ventajas. Con todo, tendría una confianza más segura si los términos con los que el acuerdo se ha firmado fueran un poco más suaves[4] de lo que se dice que son (no sé con cuánta razón).

3. Los sinvergüenzas que han conspirado para sacar a la luz las estupideces de Taxandro[5], como las serpientes después de escupir su veneno, se han escondido en la oscuridad, pero la infamia de los truhanes sale a la luz.

4. Con la muerte de Dorp[6], las buenas letras han sufrido realmente una enorme pérdida; alabo con gran entusiasmo, querido Cranevelt, el poema tan elegante con el que le has rendido justo tributo[7].

---

[4] Miller (1994: 66, n. 100) señala que los términos del Tratado de Madrid (firmado el 1 de enero de 1526) parecían favorecer más a Carlos V que a Francisco I de Francia.

[5] Referencia al panfleto escrito contra Erasmo; cf. nota correspondiente a la carta anterior, § 2.

[6] Martin van Dorp, teólogo humanista de Lovaina, amigo de Moro y de Erasmo, y con el que ambos tuvieron algunos desencuentros a raíz de algunas obras de Erasmo, murió el 31 de mayo de 1525. Cf. Cabrillana (2018: 15-19; 33-116).

[7] Cranevelt había escrito un epitafio griego sobre Dorp —el *Centon Homericus*— con frases de Homero; lo tradujo también al latín. Tanto Moro como Erasmo y Vives lo alabaron; cf. Miller (1994: 59, n. 24) y Schulte Herbrüggen (1997: 168, n. 6).

5. Por favor, saluda con afecto de mi parte a tu mujer
y también la mía. Adiós, doctísimo Cranevelt, tan estimado de mi alma.

Londres, 22 de febrero, a toda prisa.

Para el señor Francis Cranevelt, consejero en Malinas[8].

Recibida el 16 de marzo del año 1526[9].

---

[8] Destinatario escrito en el verso por John Harris.

[9] Texto escrito por Cranevelt. El año se deduciría de las letras griegas
que aparecen: αφκς = 1000 500 20 6.

A FRANCIS CRANEVELT
(8 DE NOVIEMBRE [DE 1528], LONDRES)[1]

1. EL SEÑOR HACKETT[2], muy distinguido caballero, embajador de nuestra serenísima majestad en tu país, me ha enviado tu carta que me ha alegrado tanto como le corresponde a una carta que viene de alguien más querido para mí que ningún otro.

2. Me congratulo de corazón por la paz que se ha restituido entre vosotros[3], y ojalá pudiera felicitar por una paz general que la cristiandad lleva tiempo anhelando.

---

[1] Texto hológrafo de una carta completa, la última de las subastadas en la sala Christie's de Londres el 21 de junio de 1989 (cf. Introducción general). El año se puede deducir de la misión a la que se alude por parte de Hackett, de la referencia al poema de Cranevelt en honor a Dorp (cf. carta anterior, nota correspondiente a § 4), así como del hecho de que la carta se dirija a Cranevelt en Malinas, y la anotación de su recepción por parte de este. Sigo la edición de Schulte Herbrüggen (1997: 168-170).

[2] Sir John Hackett (†1534), cortesano y diplomático, sirvió entre 1526 y 1530 como embajador del rey en la corte imperial de Malinas, donde Margarita de Austria residía como regente de Carlos V en los Países Bajos.

[3] Se refiere al tratado de paz firmado por Inglaterra y el Imperio el 15 de junio de 1528 en Hampton Court; previamente, en el mes de

3. Estoy encantado de que te hayas hecho tan homérico que sus versos están a tu disposición de una manera tan adecuada en cualquier ocasión[4]; versos que has traducido también al latín de forma que en nada desmerecen de los griegos.

4. Deseo a tu mujer, una dama de la más alta dignidad, que tenga un buen viaje de vuelta y que, después de arreglar del todo sus asuntos como quería, regrese rápidamente[5], aunque recuerdo cómo una vez me escribiste que el sueño más placentero es en una cama en la que la esposa está ausente; con todo, son palabras de maridos en las primeras noches en que su mujer se ha alejado, pues durante las siguientes se insinúa furtivamente el deseo y, a menos que la esposa haya dejado una sustituta, el sueño se vuelve desagradable. Tu mujer —pienso— es suficientemente prudente como para haberse llevado con ella a todas sus sirvientas.

Adiós, el más amable de los hombres. Londres, 8 de noviembre.

Cuanto es, todo tuyo de corazón,
Tomás Moro. Caballero.

Al varón más distinguido en virtud y en conocimiento, Señor Francis Cranevelt, consejero de su Majestad Imperial en Malinas.

Recibida el 22 de noviembre[6].

---

enero de 1528, Francia e Inglaterra habían declarado la guerra a Carlos V y las tropas francesas habían atacado algunas ciudades en Flandes.

[4] Cf. nota correspondiente a § 4 de la carta anterior.

[5] Puede referirse al viaje que la mujer de Cranevelt hizo a Lovaina en mayo de 1528 para asistir al funeral de su madre; estuvo allí un tiempo para solucionar asuntos relacionados con su herencia.

[6] Escrito con letra de Cranevelt.

210

Este libro, publicado por
Ediciones Rialp, S.A.,
Colombia, 63, 28016 Madrid,
se terminó de imprimir en
en Service Point (Madrid),
el día 19 de diciembre de 2019.